ARBEITSHEFTE
**FÜHRUNGS-
PSYCHOLOGIE**

BAND 67

Herausgegeben von Prof. Dr. Ekkehard Crisand,
Prof. Dr. Gerhard Raab und Nicolas Crisand

Dipl. Psych. Andrea Revers

Wie Menschen ticken: Psychologie für Manager

Interessantes, Spannendes und Skurriles
für Führungskräfte

1. Auflage 2012

D1720169

■WINDMÜHLE

ISBN 978-3-86451-002-1

© 2012
WINDMÜHLE VERLAG GmbH
Postfach 73 02 40
22122 Hamburg
Telefon +49 40 679430-0
Fax +49 40 67943030
info@windmuehle-verlag.de
www.windmuehle-verlag.de

Satz und Gestaltung: FELDHAUS VERLAG, Hamburg
Umschlaggestaltung: Reinhardt Kommunikation, Hamburg
Herstellung: WERTDRUCK, Hamburg

Bibliografische Information der Deutschen Nationalbibliothek
Die Deutsche Nationalbibliothek verzeichnet diese Publikation in der
Deutschen Nationalbibliographie; detaillierte bibliografische Daten
sind im Internet über http://dnb.d-nb.de abrufbar.

Inhaltsverzeichnis

1 Führungskräfte führen Menschen

Müssen Führungskräfte wissen, wie Menschen ticken? Sie sind ja schließlich keine Psychologen. Psychologisches Know-how ist ja auch nicht die Voraussetzung, um befördert zu werden. Warum also dieses Buch? Die Wirkung von Führung wird deutlich unterschätzt. Wie wäre es sonst zu erklären, dass man Menschen ohne große Diskussionen in mehrwöchige Computerkurse schickt, um die Feinheiten von SAP zu beherrschen, aber doch in Relation dazu kaum Geld investiert wird, um Führungskräfte in den Bereichen Mitarbeiterführung oder Strategieentwicklung aus- und fortzubilden. Und da, wo es erfolgt, gibt es das klassische Führungskräftetraining. Hier geht es meist um den Erwerb sozialer und/ oder methodischer Kompetenzen. Das ist auch wichtig, keine Frage. Eine saubere Gesprächsführung, klare Informationsflüsse, gut vorbereitete Delegationen, ein Bewusstsein für den eigenen Führungsstil ... – alles gut! Doch wir wollen hier einen Schritt weitergehen und hinter die Kulissen schauen. Nicht wie wir die Dinge tun, steht im Vordergrund, sondern das »Warum machen wir das so?«.

Denn Führungsarbeit hat im Unternehmen Multiplikatorfunktion. Führung ist Arbeit am Menschen, mit Menschen. Da ist es wertvoll, wenn man eine Idee davon hat, wie Menschen ticken.

Im Vergleich zu anderen Wissenschaften wie der Physik oder der Medizin ist die Psychologie eine noch sehr junge Disziplin. Hier also von gesicherten Erkenntnissen zu sprechen, wäre vermessen. Schließlich war man auch lange davon überzeugt, dass die Erde eine Scheibe ist und um die Sonne kreist. Konnte man ja auch sehen!

Im Moment geht der Erkenntnisgewinn in Riesenschritten vor sich, da neue Methoden der Gehirnscans einzigartige Zugänge zu psychologischen Prozessen ermöglichen. Nun kann man fast zusehen, welche Spuren Gefühle und Handlungen hinterlassen und bekommt neue Einsichten, wie komplex Handlungssteuerung funktioniert. Und manches, was man bisher vermutet hat, lässt sich bestätigen.

Die Psychologie ist darüber hinaus eine empirische Wissenschaft. Sie fußt auf Beobachtungen. Um soziale Prozesse zu beobachten und zu analysieren, gab es in der Vergangenheit viele spannende und einige bahnbrechende Experimente. Speziell die Sozialpsychologen waren hier sehr kreativ. Ich stelle Ihnen hier einige der wegweisenden Experimente vor. Manche davon schrammten auch an ethischen Grenzen und wären heute so wahrscheinlich nicht mehr denkbar. Aber auch das ist Wissenschaft: Grenzen auszutesten, um zu erkennen, dass welche da sind.

Und so haben sich im Laufe der letzten Jahrhunderte die Sichten auf den Menschen verändert. Dachte man früher, der Mensch sei ein vernunftbegabtes, ein rationales Wesen, hat man inzwischen gemerkt, dass der Mensch eher ein rationeller Informationsverarbeiter ist: So wenig wie möglich, so viel wie nötig. Das trifft nun möglicherweise nicht auf Sie zu, der Sie dieses Buch aus reinem Interesse lesen und deshalb mehr tun, als Sie müssten. Aber auch das ist so in der Psychologie: Wir reden nur in Wahrscheinlichkeiten und Bandbreiten. Ausnahmen sind immer die Regel!

1.1   Um was geht es hier?

Wir werden in verschiedene Bereiche der Psychologie hineinschauen: Kognitionspsychologie, Motivationspsychologie, Persönlichkeitspsychologie, Sozialpsychologie und Neuropsychologie. Hier gibt es Interessantes, Spannendes und Skuriles zu entdecken, das für den Führungsalltag durchaus Bedeutung hat. Dabei werden Sie schnell feststellen, dass die Erkenntnisgewinnung nicht losgelöst in einzelnen Fachrichtungen erfolgt, sondern die Bereiche eng miteinander vernetzt sind. Das schlägt sich auch in der Struktur des Buches nieder. Manche Grundlage findet sich an mehreren Stellen, manches erschließt sich aus dem Kontext eines späteren Kapitels noch einmal anders. Es kann sich also lohnen, dieses Buch zweimal zu lesen. Und wenn Ihnen etwas bekannt vorkommt und Sie sich über die Wiederholung ärgern, trösten Sie sich: Ein gewisses Maß an Redundanz erhöht die Behaltensleistung.

Dieses Buch macht Sie nicht zum Psychologen. Aber Sie als Führungskraft benötigen auch nicht das komplette Wissen und die Kompetenz eines Psychologen. Was Sie benötigen, ist ein Bewusstsein für das Warum, Weshalb und Wozu – ein interessierter Blick auf das, was Menschsein ausmacht in sozialen Kontexten, wie Menschen denken und Informationen verarbeiten, wie sie Entscheidungen treffen, mit Veränderungen umgehen, dass sie sich als Individuen anders verhalten als in Teams, was sie antreibt, wie sie auf Führung reagieren – kurz: Wie Menschen ticken.

1.2   Wichtige Führungsaufgaben

Hier gibt es keine Patentrezepte für die richtige Führung! Stattdessen werden Sie hier sensibilisiert für sich selbst und für andere. Damit der Transfer leichter gelingt, werden die einzelnen Erkenntnisse der psychologischen Forschung mit typischen Führungsaufgaben gekoppelt:

• Informationsübermittlung und Überzeugung

• Entscheidungen treffen

• Veränderungen managen

• Lernprozesse initiieren

• Personal auswählen und Leistungen beurteilen

• Mitarbeiter motivieren

• sich selbst managen

• das Team führen

Es wird viel um Haltungen und Führungsstil gehen. Denn aus der inneren Haltung heraus entwickelt sich das Verhalten von selbst – mit ein bisschen gesundem Menschenverstand und Übung. Das Wie folgt dem Warum!

Wenn alles gut klappt, so wird dieses Buch auch dazu führen, dass Sie sich selbst ein Stück besser kennenlernen. Und das ist gut so, denn es macht Sie zu einer besseren Führungskraft, wenn Sie sich Ihrer Haltung, der eigenen Anteile und Ihrer Wirkung bewusst sind und erkennen, wie Führung auf Sie selbst wirkt. Damit die Inhalte nicht losgelöst von Ihrer Praxis stehen, werden wir Sie immer wieder dazu einladen, das Gelesene aktiv in Ihren Führungsalltag zu integrieren. Dazu gibt es Reflexionsfragen und konkrete Arbeitsaufträge. Nutzen Sie diese, um Ihre Führungskompetenzen zu erweitern.

1.3   Zur Struktur des Buches

Wenn Sie am Rand ein Ausrufezeichen finden, habe ich wichtige Erkenntnisse noch einmal als Merksatz formuliert. So können Sie sich auch schnell einen Überblick verschaffen, worum es in diesem Textabschnitt geht.

Zwischendurch finden Sie – wie bereits angesprochen – Kapitel zu den einzelnen Führungsaufgaben, aber immer auch kurze Abschnitte, die die jeweiligen Unterthemen mit Führung in Verbindung bringen. So geht Ihnen bei aller Theorie die Praxis nicht verloren.

Und im Anschluss jeder Führungsaufgabe gibt es Reflexions- und Forschungsfragen und weiterführende Buchtipps. Wenn Sie Lust haben, gehen Sie mit auf Erkundungsreise, reflektieren die Fragen und Ihre Antworten darauf, arbeiten die Übungen durch. Und überlegen Sie dabei immer wieder: Wie kann ich das Gelesene in meinen Alltag einbringen.

Dabei sind einige Gedanken tabu: »Das geht bei uns nicht!« oder »Dafür habe ich keine Zeit!« Diese reflexhafte Ablehnung schützt unser Gehirn zwar vor dem Stress der Veränderung, aber wozu sollten Sie das Buch dann überhaupt lesen? Richten Sie Ihren Fokus auf das Machbare, entwickeln Sie Umsetzungsideen, die für Sie passen. Dann wird dieses Buch ein Gewinn für Sie sein.

2 Wie wirklich ist die Wirklichkeit?

2.1 Wie Informationen verarbeitet werden

Kennen Sie das Phänomen? Bei mindestens jeder zweiten Mitarbeiter-befragung zeigt es sich, dass Mitarbeiter den Informationsfluss von oben nach unten bemängeln, gerne mehr Informationen hätten und sich unzureichend informiert fühlen. Das hören Sie auch von denselben Mit-arbeiten, denen Sie erst letzte Woche im Rahmen einer Abteilungskon-ferenz rund zwei Stunden lang völlig transparent die Geschäftsleitungs-strategie erläutert und anschließend Rede und Antwort gestanden ha-ben, bis alle Fragen erschöpfend beantwortet waren. Sie sind sich ganz sicher, die Entscheidungen ausreichend kommuniziert zu haben – und plötzlich hat sie keiner gehört. Ärgerlich, oder? Allerdings ist das keine böse Absicht, fehlendes Interesse oder mangelnde Kompetenz. Dieses Phänomen zeigt einfach, dass Informationsweitergabe, -aufnahme und -verarbeitung beim Menschen keineswegs so eindeutig und eindimen-sional funktioniert wie bei einem Computer.

Doch in den 1970er-Jahren war die Computeranalogie auch in der Hirn-forschung fest verbreitet. Man ging davon aus, dass der Mensch in ers-ter Linie ein rationales Wesen ist. Zuerst wird eine Information wahrge-nommen, dann verarbeitet und bewertet, und daraus resultierend ent-steht dann das begleitende Gefühl. Dabei ist der Prozess so schnell, dass er für uns selbst zeitgleich erscheint. Und so sahen auch die Mo-delle aus – man sprach von Ein- und Ausgabeprozessen, von Kurz- und Langzeitspeichern. Kybernetische Modelle mit Regelkreisläufen und Rückkopplungsschleifen erklärten die Informationsverarbeitung.

Beispiel:

Man sieht ein vorbeifahrendes Auto. Diese Wahrnehmung wird auf ver-schiedenen Ebenen interpretiert:

• Achtung! Der Wagen fährt sehr dicht an mir vorbei.

• Ah, das neue Minimodell!

Diese Gedanken führen zu Emotionen:

• Furchtreaktion mit erhöhter Achtsamkeit

• Neugier, eventuell auch Begehren

Und daraus werden dann Absichten gebildet oder direkte Verhaltensimpulse erzeugt:

• einen Schritt zurück auf den Bürgersteig

• Planung eines möglichen Autokaufs

Hört sich doch eigentlich ganz schlüssig an. Ist es aber nicht, denn Studien in den 1980er-Jahren von Robert Zajonc[1] zeigten etwas Bemerkenswertes: Emotionen werden sehr viel schneller erzeugt, als Kognitionen. Das heißt, wir fühlen, bevor wir denken. Im obigen Beispiel bedeutet das: Wir spüren erst die Gefahr, bevor wir sie konkret benennen können. Aus den Untersuchungen heraus gab es einige wesentliche Erkenntnisse:

• Gefühle werden schneller erzeugt als Gedanken.

• Sie sind deshalb auch stabiler als Gedanken, denn die Wahrnehmungen und Bewertungen folgen dem Gefühl. Angst oder Neugier steuern also im Verlauf des Prozesses unsere Wahrnehmungen. Das kann dazu führen, dass Außeneinflüsse auf unsere Gefühlslage – wie Stress, schlechte Laune oder Unsicherheit in einer neuen Situation – damit auch die Wahrnehmung und deren Bewertung beeinflussen. So werden beispielsweise Urlaubsorte, an denen das Wetter sonnig war, besser bewertet, als Urlaubsorte, die man bei schlechtem Wetter kennengelernt hat. Solche Gefühle sind ausgesprochen veränderungsresistent!

• Gefühle werden auch besser erinnert als Wahrnehmungen. Auch nach Jahren kann man sich oft noch daran erinnern, ob einem ein bestimmtes Buch gefallen hat. Soll man aber eine kurze Beschreibung des Inhalts oder der agierenden Figuren geben, ist das Gedächtnis häufig überfordert.

Gefühle werden in einem anderen Hirnareal, nämlich im limbischen System erzeugt, während Kognitionen im Bereich der Großhirnrinde verarbeitet werden. Nach Daniel Goleman[2] arbeitet das limbische System wesentlich schneller als die Großhirnrinde und kann somit wesentlich mehr Informationen in kürzerer Zeit verarbeiten. Allerdings verlaufen diese Prozesse unbewusst. Es lohnt sich also, auf die eigene Intuition, »den Bauch«, zu hören.

[1] Zajonc, Robert: Feeling and thinking: Preferences need no inferences, American Psychologist 36, 1980, S. 151–175
[2] Goleman, Daniel: Emotionale Intelligenz.

Also steuern Gefühle unser Verhalten? Ja! Wenn wir glücklich sind, kommt uns unsere Umwelt viel freundlicher vor. Wir erinnern uns in einer solchen Stimmung auch viel besser an positive Ereignisse oder Erfolgserlebnisse. Das sieht allerdings ganz anders aus, wenn es uns schlecht geht. Wir fokussieren sehr viel stärker auf Negatives, erinnern uns eher an Misserfolge und befürchten solche auch eher für die Zukunft. Und sind wir unter Stress, läuft dieser Vorgang noch viel schneller ab. Nun wird ganz schnell bewertet und auch abgewertet. Kleinste Informationen reichen schon aus, um uns ein Bild zu machen und beispielsweise jemanden in eine Schublade zu stecken: »Der ist halt so!«

Ein Großteil dieser Verarbeitungsprozesse erfolgt also unbewusst, und wir verzichten meist auch darauf, uns diese Prozesse bewusst zu machen. Warum auch? Schließlich soll diese Form der Verarbeitung uns das Leben leichter machen und versetzt uns überhaupt erst in die Lage, mit unserer komplexen Umwelt umgehen zu können. Stellen Sie sich vor, jede noch so kleinste Information müsste bewusst erfasst, analysiert und verarbeitet werden. Das würde unsere Verarbeitungskapazitäten schnell überlasten. Vor lauter Reizüberflutung würde sich das Gehirn »abschalten«. Und doch haben wir den Eindruck, bewusst zu agieren. Wir überschätzen systematisch den Einfluss bewusster Denkprozesse.

❗ Gefühle entstehen schneller als bewusste Gedanken (Kognitionen) und sind veränderungsresistenter. Sie beeinflussen die spätere Wahrnehmung und Bewertung. Also: Gefühle sind wie Fakten zu behandeln!

Tipp für Führungskräfte

Im Geschäftsleben ist für Gefühle kaum Platz: »Bleiben Sie sachlich, werden Sie konkret!« – Aber es ist wenig sinnvoll, etwas zu ignorieren, nur weil man es nicht greifen kann. Wenn Gefühle die Wahrnehmungen steuern und als Filter fungieren, macht es Sinn, Stimmungen aufzugreifen und positiv zu verändern. Wer auf negative Gefühle mit Druck reagiert, erntet Gegendruck. Wer mit Drohungen agiert oder an Existenzängste appelliert, sorgt dafür, dass alle späteren Wahrnehmungen und Informationsverarbeitungen dementsprechend gefärbt sind. Das ist wenig zielführend, wenn man das aktive

Commitment und Engagement der Mitarbeiter braucht, um beispielsweise eine Krise zu bewältigen oder einen Veränderungsprozess voranzutreiben.

- Zeigen Sie Offenheit und Wertschätzung den Mitarbeitern gegenüber. Das ist die beste Basis für ein vertrauensvolles Klima. Und das benötigen Sie, um glaubwürdig zu sein.
- Zeigen Sie ein positives Ziel auf, begeistern Sie für den Prozess. Angst und reine Notwendigkeiten sind schlechte Motivatoren.
- Reagieren Sie mit Verständnis auf negative Befindlichkeiten. Setzen Sie sich konstruktiv mit Gefühlen auseinander. Und geben Sie Raum dafür, Gefühle zu äußern.

2.2 Wie Realität gebildet wird

Doch wie nimmt unser Gehirn nun wahr? Auf jeden Fall deutlich anders als ein Fotoapparat, der ein Bild eins zu eins aufnimmt und speichert. Wenn wir etwas wahrnehmen, findet zeitgleich ein Analyse- und Bewertungsprozess statt, der nicht bewusst gesteuert wird. Sind Eindrücke mehrdeutig, werden sie vom Gehirn in eine Ordnung gebracht. Sehen Sie sich dazu Abbildung 1 an.

Abb. 1: Duck-Rabbit

Wie viele Beine hat das Tier? Spontan kann man sich nun für zwei oder vier Beine entscheiden – je nachdem, ob man eine Ente oder einen Hasen sieht. Hier scheint die Jahreszeit bei der Betrachtung eine Rolle zu spielen: Um Ostern herum erkennen Kinder signifikant häufiger den Hasen, im Oktober tendieren die meisten zur Ente. Das Besondere daran: Hat man sich einmal für ein Tier entschieden, sucht man in der Regel nicht mehr nach einer weiteren Bedeutungsmöglichkeit. Schublade zu! Das ist ein wesentlicher Teil unserer rationellen Informationsverarbeitung – und auch ein gutes Stück geistiger Normalität.

❗ Die gleichen Informationen werden nicht von allen gleich interpretiert. Es kann zu erheblichen Abweichungen kommen. Dabei ist den Betreffenden nicht klar, dass es sich um eine Interpretation handelt, sondern geht in der Regel davon aus, dass das Bild eindeutig ist – es sich also bei der Interpretation um eine unumstößliche Wahrheit handelt.

Auch bei Sprache werden solche Mehrdeutigkeiten in der Regel aktiv aufgelöst. Man weiß ja schließlich, was gemeint ist.

Samstag, 19. April 2008

Staatsanwaltschaft ermittelt gegen Spendensammler in Clownskostümen

Braunschweiger Klinikum distanziert sich von Verein „Kinder in Not": Ernsthafte Zweifel an Seriosität

Abb. 2: Überschrift in der BZ vom 19.4.2008

Man muss wohl nicht extra darauf hinweisen, dass nicht die Staatsanwaltschaft in den Clownskostümen steckt. Oder vielleicht doch?

Abb. 3: Schild in Limburg an der Lahn

Auch auf die Polizei scheint heutzutage kein Verlass mehr zu sein, oder?

Fest verlassen sollte man sich also nicht darauf, dass wirklich Jeder weiß, was eigentlich gemeint ist. Denn Kommunikation ist ein hochkomplexer Prozess. Missverständnisse sind eher die Regel, als die Ausnahme. Die meisten Führungskräfte sind inzwischen sensibilisiert für die Unterschiede in Sach- und Beziehungsebene. Aber was hilft das, wenn man eben keine »gemeinsame Sprache« spricht.

Tipp für Führungskräfte

Stellen Sie sich vor, welche Bedeutung diese Erkenntnis für die Informationsübermittlung hat: Alle bekommen die gleichen Informationen – manche sehen einen Hasen, die anderen sehen die Ente. Und nun streitet man sich über die Anzahl der Beine. Man kann sich natürlich (Kompromiss!) auf die Zahl Drei einigen. In der Sache macht das aber keinen Sinn. Ist es nicht häufig so, dass die gleichen Informationen – je nach Interessenslage, Stimmung, Vorerfahrung etc. – sehr unterschiedlich interpretiert werden?

❗ Wichtig ist, dass man sich bevor man in die Verhandlung geht, ■ klar darüber wird, was der andere sieht bzw. verstanden hat.

3 Führungsaufgabe Mitarbeiter informieren

Die richtigen Informationen zur richtigen Zeit am richtigen Ort zur Verfügung zu haben ist eine elementare Anforderung jedes Mitarbeiters, der seine Arbeit richtig machen möchte. Dementsprechend ist Informationsweitergabe eine wesentliche Aufgabe, die – unzureichend ausgeführt – schnell zu einem echten Demotivationsfaktor werden kann. Der Wunsch der Mitarbeiter nach Information ist dabei mehrdimensional. Einerseits geht es um das klassische Tagesgeschäft: Man braucht schlichtweg die Daten, um weiterarbeiten zu können, man benötigt eine Rückmeldung, informationelle Zuarbeit, wichtige Inputs – ansonsten stagniert der komplette Arbeitsprozess. Andererseits benötigen Mitarbeiter die Rückmeldung über ihre Arbeit – Controllingzahlen. Hier sind wir noch auf der Seite klassischer Zahlen/Daten/Fakten.

Was aber auch sehr wesentlich ist, wird häufig vergessen: Mitarbeiter benötigen Informationen zu ihrer Sicherheit. Wie wird es weitergehen mit uns? Was hat die Geschäftsführung vor? Woher weht der Wind? Sind wir da gut aufgestellt?

Was hier fehlt, ist Gewissheit. Leider wird oft vernachlässigt, dass es diese Gewissheit in schnelllebigen, globalen und komplexen Märkten nicht geben kann. Als Führungskraft sollten Sie sich also darüber im Klaren sein, dass der Ruf nach Informationen mehrere Seiten hat. Einmal geht es um die Vermittlung von Sachinformationen, auf der anderen Seite geht es aber auch um die Vermittlung von Sicherheit und Vertrauen.

Emotionen werden schneller generiert, als Kognitionen. Gefühlter Unsicherheit kann man leider mit Fakten – zumal, wenn diese in der Sache unzureichend sind – nur schwer beikommen. Akzeptieren Sie also, dass häufig der Ruf nach mehr Information eigentlich ein Ruf nach mehr Vertrauen in die Führung ist. Wenn Sie diese Emotionalität außen vor lassen, werden auch Sie bei der nächsten Mitarbeiterbefragung kritische Werte beim Thema Informationsfluss erhalten.

Dabei spielt die Stimmung im Team eine große Rolle. Aus einer misstrauischen und kritischen Grundhaltung heraus werden die Informationen, die Sie Ihren Mitarbeitern geben wollen, in erster Linie auf Unstimmigkeiten, Unklarheiten und Leerstellen geprüft. Bei der Informationsweitergabe – speziell wenn es um strategische Informationen geht, das heißt: Informationen mit hoher Unsicherheit – ist es deshalb notwendig, ein positives, offenes Klima zu gestalten. Ein Dialog ist besser als ein Monolog, Gelassenheit ist besser als Stress und das Zugeben offener Fragen und Unwägbarkeiten ist vertrauensbildender als Verschleierungstaktiken und Beschwichtigungsstrategien.

Der Prozess der Informationsverarbeitung ist hochkomplex und durchaus störanfällig. Zusammenfassend sollten Sie bei der Informationsübermittlung beachten:

- Auch Zahlen, Daten und Fakten unterliegen der Wahrnehmung von Menschen. Zahlen können unterschiedlich interpretiert werden, »Leerstellen« werden konstruktiv aufgefüllt und mit einer eigenen Logik versehen.

- Selektive Wahrnehmung sorgt dafür, dass wir nur das sehen, was in unser Konzept passt. Widersprechende Informationen werden oft kurzerhand ignoriert.

- Geben wir Informationen weiter, passiert das in der Regel nicht vollständig. Vieles wird vorausgesetzt, manches ist implizit bereits enthalten, und manches wird tatsächlich gar nicht erst gesagt.

- Das Gehirn jedes Einzelnen verarbeitet die Informationen anders: Werte, Normen, Regeln, gemeinsame oder vereinzelte Erfahrungen prägen die Informationsaufnahme und Analyse.

- Auch die aktuelle Stimmungslage hat Einfluss auf die Informationsverarbeitung.

Verabschieden Sie sich also von dem Gedanken, Informationsübermittlung wäre eine leichte Übung, und mit einer E-Mail wäre schon alles gut geregelt. Hier einige Tipps, wie Ihnen die Informationsübermittlung gut gelingen wird:

- Sorgen Sie für die passende Stimmung, damit die Information auch in Ihrem Sinne aufgenommen wird.

- Nutzen Sie verschiedene Medien. Verschriftlichen Sie die wichtigsten Punkte.

- Entwickeln Sie ein klares, anstrebenswertes Zielbild: Was soll hinterher anders sein? Wo soll die Reise hingehen? Ein positives Ziel entwickelt Zugkräfte und hilft, die Mitarbeiter zu motivieren.

- Wenn das Ziel noch unklar ist bzw. nicht ausreichend operationalisiert werden kann, entwickeln Sie eine Vision mit Identifikationszielen. Identifikationsziele sind nicht konkret, messbar und zeitlich definiert – für die Führungsgeschulten: Sie sind nicht SMART. Aber sie fungieren wie ein Kompass bei Werten und Grundhaltungen. Und helfen damit den Mitarbeitern, Vertrauen ins Unternehmen und die Führung zu entwickeln und mit Unsicherheit besser fertig zu werden.

- Geben Sie Beispiele. Machen Sie die Fakten lebendig. Erläutern Sie, was Ihnen hier wichtig ist.

- Ermuntern Sie zu Rückmeldungen/Fragen. Gehen Sie in den Dialog.

- Hören Sie gut zu! Und achten Sie darauf, wo Missverständnisse entstanden sein können.

Literaturempfehlungen zur Vertiefung des Themas
- Goleman, Daniel: »Emotionale Intelligenz«. DTV, 2011
- Anderson, John R.: »Kognitive Psychologie«. Spektrum, 2007

Selbstreflexion und Forschungsfragen

Welche Erfahrungen habe ich mit meiner Art des Informierens gemacht?

_____

_____

Reflexion der letzen Besprechungen in Bezug auf die Informationsvermittlung: Was lief gut? Was hätte besser laufen können?

_____

_____

Welche Ideen habe ich, um meinen Stil des Informierens zu optimieren?

_____

_____

Wann will ich das ausprobieren?

_____

_____

Woran erkenne ich, dass die Informationen nun besser ankommen als vorher?

_____

_____

4   Menschen mitnehmen

Informationsweitergabe ist das eine Thema, aber in schwierigen Zeiten die Leute im Boot zu halten, sie für Veränderungsprozesse zu begeistern, gemeinsam neue Wege zu gehen, sie von der Sache zu überzeugen – das ist Führungskunst. Führung ist Verkaufen!

4.1   Führen heißt verkaufen

Aber kaufen Ihre Mitarbeiter auch bei Ihnen? Das kommt darauf an. In der Sozialpsychologie hat man sich intensiv mit dem Thema »Überzeugung« beschäftigt. Nicht nur die Formulierung der Überzeugungsbotschaft spielt eine Rolle, sondern auch der Träger der Informationen. Grundsätzlich gilt:

- Experten sind überzeugender als Laien. Wenn Ihre Mitarbeiter also den Eindruck haben, dass Sie von der Materie eigentlich nicht besonders viel verstehen, holen Sie sich einen Experten an die Seite. Hilfreich mag es auch sein, die eigene Expertise – falls vorhanden – noch einmal ins Bewusstsein zu rücken.

- Schnell sprechende Quellen klingen überzeugender als zögerliche. Hier wird Engagement und Begeisterung zugeschrieben. Wenn Sie sich also schwer tun, vor der Mannschaft eine Rede zu halten, dann sollten Sie das immer wieder üben, üben, üben. Dieser Faktor ist nicht zu unterschätzen. Es gab einmal in den USA eine Umfrage, vor was die Menschen am meisten Angst hätten. Die Angst vor Publikum zu sprechen, wurde am häufigsten genannt. Die Angst vor dem Tod kam erst an dritter Stelle. Also lieber sterben, statt eine Rede zu halten? Arbeiten Sie lieber vor einer wichtigen Rede mit einem Präsentationscoach.

- Attraktive Quellen sind effektiver. Sieht jemand gut aus, glaubt man ihm leichter, als wenn man einen unattraktiven Menschen vor sich hat. Das mag damit zusammenhängen, dass viele Menschen auch attraktiven Menschen einen höheren Intelligenzquotienten zuschreiben. Das ist zwar unsinnig, entfaltet aber leider Wirkung. Man sollte Äußerlichkeiten wie gepflegtes Auftreten also keineswegs unterschätzen. Brillenträger werden übrigens oft auch als intelligenter eingeschätzt, als Menschen ohne Brille.

Aber auch, wenn Sie sehr überzeugend »rüberkommen«, heißt das noch nicht, dass man Ihnen folgt. Denn manchmal ist das Misstrauen tief verankert und die Angst vor Veränderung stärker als das Krisenbewusstsein.

- Für Sie heißt das, wenn Ihre Zuhörer eine komplett entgegengesetzte Meinung haben, ist es sinnvoll keine einseitige Argumentation zu wählen, sondern das Für und Wider abzuwägen, die eigenen Denk- und Entscheidungsprozesse transparent zu machen und zum Schluss die Botschaft klar und überzeugend zu formulieren.

- Die Überzeugung ist stärker, wenn emotionsauslösende Botschaften benutzt werden, z. B. Drohungen, Angstappelle, Worst case-Betrachtungen, wenn es darum geht, Unangenehmes zu vermeiden; Geborgenheit, Sicherheit, Liebe, wenn es darum geht, eine positive Entscheidung zu forcieren.

- Botschaften, die nicht direkt zur Änderung unserer Einstellung konzipiert sind (oder zumindest scheinen), sind erfolgreicher als jene, die diese Absicht klar erkennen lassen. Solche direkten Botschaften werden häufig als manipulativ wahrgenommen und erzeugen schon allein aus diesem Grund Widerstand. Es lohnt sich also nicht, den Druck zu erhöhen. Überlegen Sie lieber, wie Sie unterschwellig wirken können.

Tipp für Führungskräfte

Das mag nun dem einen oder anderen sehr manipulativ vorkommen, aber jeder Akt von Führung ist letztendlich manipulativ (»Manipulation«, lat. Handgriff. In der Psychologie die gezielte und verdeckte Einflussnahme.) Manipulation wird dann verwerflich, wenn sie dazu eingesetzt wird, um jemanden dazu zu bringen, etwas zu tun, was eigentlich für ihn schädlich ist. Es ist also die innere Haltung und das Ziel entscheidend. Davon ausgehend, dass Ihr Handeln aus einer positiven Wertehaltung und einem übergeordneten Nutzen für das Unternehmen und die Mitarbeiter diktiert wird, dienen die oben genannten Empfehlungen der Optimierung Ihrer Überzeugungskraft. Sie sollen niemanden über den Tisch ziehen!

4.2   Wie wir manipuliert werden

Dementsprechend sind die folgenden Ausführungen auch nicht dazu gedacht, dass Sie Ihr Überzeugungsrepertoire erweitern sollen. Aber Manipulationstechniken finden sich im Alltag an vielen Stellen. Auch wir verwenden die eine oder andere Technik, ohne es uns bewusst zu machen (und Sie sollten immer wissen, was Sie tun) und manchmal fallen wir selbst auch auf solche Techniken herein. Davor können Sie sich schützen.

Welche Taktiken führen zu erfolgreicher Einwilligung? Die Sozialpsychologen haben sich die Taktiken von erfolgreichen Verkäufern, Politikern und anderen »Überzeugungshelfern« angeschaut. Hier findet man ein buntes Repertoire an Manipulationstechniken:

- Erzeugung von Freundschaft und Sympathie. Wer kann einem sympathischen Menschen, einem »Freund«, schon etwas abschlagen. Natürlich ist es schön, sympathisch rüberzukommen, aber wenn diese Sympathie nicht authentisch ist, sondern nur nutzenfixiert auf das Ziel der Überzeugung gerichtet, dann wird es verwerflich.

- Das falsche Lob: Man überschüttet den Mitarbeiter mit Komplimenten, um ihn dadurch daran zu hindern, Probleme anzusprechen.

  Beispiel: »Ich weiß, dass die Aufgabe nicht leicht ist, aber Sie sind dafür genau die Richtige. Ich wüsste nicht, wem ich das sonst zutrauen könnte.«

- »lowball procedure«: Man macht ein sehr gutes Angebot, zu dem keiner Nein sagen kann. Ist die Zustimmung da, muss der Preis leider z. B. wegen eines Kalkulationsfehlers korrigiert werden zu Ungunsten des Kunden. Auch im Unternehmen wird so häufig Zustimmung erzeugt.

  Beispiel: »Haben Sie Interesse an einem Management-Training?« – »Klar!« – »Fein, dann reservieren Sie sich mal das nächste Wochenende!«

- »bait-and-switch«-Technik: Das sehr günstige Angebot ist bereits ausverkauft oder von schlechter Qualität. Naheliegend ist, einfach etwas anderes, Ähnliches zu kaufen, etwas das verfügbar ist. Die »Kaufabsicht« ist schließlich bereits aktiviert.

  Beispiel: »Ja, schade, die Gruppenleiterstelle wird jetzt doch nicht besetzt. Ich kann Ihnen aber anbieten, einige besondere Aufgaben zu übernehmen, sodass Sie sich für eine zukünftige Führungsposition in Stellung bringen können. Gehaltlich kann ich da allerdings nichts machen!«

- »door-in-the-face«-Technik: Man startet mit einem großen Anliegen, dass das Gegenüber wahrscheinlich ausschlagen wird. Dann schiebt man das eigentliche, kleinere Anliegen nach. Es scheint für das Gegenüber so, dass man als Bittsteller ihm nach der ersten Zurückweisung ein Zugeständnis macht, sodass sich die Zielperson verpflichtet fühlt, ebenfalls ein Zugeständnis zu machen.

  Beispiel: »Wären Sie bereit, Mittwochabend mit den Kunden Meistermann noch essen zu gehen?« – »Es tut mir leid, aber da habe ich bereits einen privaten Termin.« – »Ja, dann muss ich wohl selbst ran. Aber wäre es möglich, dass Sie ein Restaurant aussuchen und einen Tisch für uns bestellen?«

- »that's-not-all«-Technik: Bevor sich das Gegenüber klar geworden ist, Ja oder Nein zu sagen, folgt der Bitte ein zusätzlicher Bonus, um die Entscheidung zu erleichtern.

  Beispiel: »Können Sie die Betreuung des Messestands vor Ort übernehmen? ... Sie dürfen dann auch die Hostessen aussuchen!« Von dieser Aussicht begeistert, stimmt Herr Hilbrandt zu. Erst später ging ihm auf, dass er sich selbst dazu verdonnert hat, die Zeit der kompletten CeBIT in Hannover zu verbringen. Wie sollte er seiner Frau erklären, dass er am gemeinsamen Hochzeitstag auf der Messe war? Das würde Ärger geben.

- »foot-in-the-mouth«-Technik: Hier wird eine Art von Beziehung etabliert, und sei sie noch so trivial (z. B. »Wir sind doch alle nur Menschen!«), um das Gefühl einer Verpflichtung beim Gegenüber hervorzurufen.

  Beispiel: »Wir als Betriebswirtschaftler müssen uns ja besonders um die Zahlen kümmern. Prüfen Sie doch mal, wie sich der Auftragseingang im letzten Jahr entwickelt hat.« Geschmeichelt macht sich Frau Lieder an die Arbeit. Erst nach mehreren Stunden realisiert sie, dass der Chef ihr – mal wieder – seine eigene Aufgabe untergejubelt hat.

- »playing-hard-to-get«-Technik: Man suggeriert, dass eine Person, eine Aufgabe oder ein Objekt sehr schwer zu bekommen ist. Was rar ist, muss wertvoll sein.

Beispiel: »Ich habe hier eine besondere Gelegenheit für Sie, sich zu profilieren. Die Präsentation findet ausnahmsweise vor dem Vorstand statt – da kann man auf sich aufmerksam machen. Herr Müller reißt sich bereits um die Aufgabe, aber ich hatte da mehr an Sie gedacht.« Das will sich Meyer natürlich nicht entgehen lassen und sagt zu. Dabei hat er eigentlich gar keine Karriereambitionen. Und Präsentationen sind nicht gerade seine Lieblingstätigkeit. Später ärgert er sich, dass er nicht abgelehnt hat.

- »deadline«-Technik: Man verknappt das Angebot, indem man eine zeitliche Begrenzung setzt.

Beispiel: »Ich kann Ihnen anbieten, die Projektleitung zu übernehmen, aber Sie müssen mir heute noch Bescheid geben, ob Sie sich das zutrauen.« – »Ja, ich würde eigentlich gerne noch eine Nacht darüber schlafen.« – »Tut mir leid, aber ich stehe sehr unter Druck und benötige Ihre Zustimmung noch heute! Ansonsten muss ich mich nach einer Alternative umschauen.« – »Na gut, ich mach's!« Die Suche nach der Alternative hätte im Zweifel auch Zeit gekostet, und, ob die Zustimmung am späten Nachmittag oder frühem Morgen erfolgt, hätte keine große Rolle gespielt. Das wird dem neuen Projektleiter nach wenigen Stunden klar. Er fühlt sich überfahren und geht mit Vorbehalten in das Projekt.

- Emotionale Appelle: Man drückt seinen Frust oder die Unzufriedenheit aus, um die Einstellung oder das Verhalten des Gesprächspartners zu ändern.

Beispiel: »Sie hatten doch versprochen, sich stärker zu engagieren! Ich bin sehr enttäuscht von Ihnen.« Frau Sinzig ist betroffen: »Entschuldigen Sie! Ich habe mich wirklich reingehängt, aber dass mein Kind krank wurde, konnte ich ja nicht voraussehen.« – »Mag sein, aber ich hatte so viel von Ihnen erwartet. Sie haben mich enttäuscht!«

Es handelt sich hier genau genommen um emotionale Erpressung. Der Mitarbeiter soll die Verantwortung für die Befindlichkeit der Führungskraft übernehmen.

- Positive Stimmungsinduktion: Dabei versetzt man Personen in gute Stimmung und sie gehen eher auf Bitten ein.

Beispiel: Um den Abteilungsleiter-Kollegen Müller davon zu überzeugen, einen Mitarbeiter für ein Projekt zur Verfügung zu stellen, obwohl er selbst Personalengpässe durch Krankheit zu überbrücken hat, lädt Abteilungsleiter Schmitz ihn zum Essen ein. Erst nachdem man gut gespeist und auch bereits zwei Gläser Wein getrunken hat, bringt er das Thema auf den Tisch. Herr Müller, gut gesättigt und zufrieden, willigt ein. Am nächsten Morgen ärgert er sich, dass er sich über den Tisch ziehen lassen hat.«

Wie bereits erwähnt, begegnet man vielen dieser Techniken im Alltag und neigt vielleicht sogar selbst dazu, das eine oder andere Mittel einzusetzen.

Tipp für Führungskräfte

Die oben aufgeführten Techniken funktionieren zweifellos. Sie sollten trotzdem darauf verzichten. Es geht nämlich nicht darum, »jemanden so schnell über den Tisch zu ziehen, dass er die Reibungshitze als Nestwärme empfindet«. So kernig dieses Zitat (Autor unbekannt) zum Thema Verhandlungstechnik wirkt – es geht am Thema vorbei. Unterschätzen Sie nie die Kraft guter Argumente und die Intelligenz Ihrer Mitarbeiter.

Literaturempfehlung zur Vertiefung des Themas
• Levine, Robert: »Die große Verführung –
  Psychologie der Manipulation.« Piper, 2005

5 Worauf wir immer wieder gerne hereinfallen

5.1 Führung heißt Entscheiden

Eine der schwierigsten Führungsaufgaben ist das Treffen von Entscheidungen. Vielfältige Informationen sind abzuwägen, und nicht immer sind alle Informationen vorhanden. Entscheidungen werden deshalb oft »aus dem Bauch« heraus getroffen. Dabei ist der Umgang mit Unsicherheit für viele Führungskräfte sehr belastend. Manche entscheiden sehr spontan, manche sehr zögerlich. Und manche entscheiden lieber gar nichts – denn wer gar nichts tut, macht auch keine Fehler. Doch was beeinflusst eigentlich unsere Entscheidungen? Die Einflussfaktoren sind vielfältig: Schubladen, eigene Erwartungen, Vereinfachungen und Denkfehler, unklare Erinnerungen, das eigene Risikoverhalten. Manchmal hat man zu viele Informationen, manchmal zu wenig. Eine gute Entscheidung zu treffen ist gar nicht einfach.

5.2 Der erste Eindruck

Sie kennen sicher das Phänomen: Man lernt einen Menschen kennen, der erste Blick auf die Personen, der erste Blickkontakt, der erste Händedruck – und schon ist die Schublade auf- und wieder zugemacht. Der erste Eindruck zählt, und der dauert nur wenige Sekunden. Salomon Asch:[3] »Wir sehen eine Person und sofort bildet sich ein bestimmter Eindruck über ihren Charakter in uns.« Dabei machen wir uns nicht bewusst, was wir tatsächlich wahrnehmen, sondern ergänzen unbewusst einzelne Eindrücke zu einem emotionalen Gesamteindruck. Wie die Gestaltpsychologen sagen: Das Ganze ist mehr als die Summe seiner Teile.

Da diese Eindrücke in der Regel auch emotional gefärbt sind, prägen sie auch im Weiteren unsere Wahrnehmung dieser Person. Deshalb spricht man davon, dass der erste Eindruck unveränderlich ist. Das ist er nicht – aber er ist relativ stabil. Es muss schon einiges geschehen, damit man die Schublade öffnet und den Eindruck revidiert.

---

[3] Asch, S. E. (1946) Forming impressions of personality, Journal of Abnormal and Social Psychology, 41, 258–290

Experiment zur Sache (Salomon Asch, 1946[4])

Versuchspersonen wurde eine Liste von Eigenschaftswörtern vorgelegt, die zu einem (fiktiven) Fremden gehörten. Ergebnisse: Bereits der Austausch eines Wortes (z. B. warm durch kalt) konnte den Gesamteindruck der Person im Extremfall ins Gegenteil verkehren. Auch die Änderung der Reihenfolge der Eigenschaftswörter veränderte den Gesamteindruck: Am Anfang stehende Eigenschaften wurden stärker gewichtet. Es gab also kein einfaches Addieren von Eigenschaften, sondern den Versuch, einen Eindruck über die gesamte Person zu formen.

5.3 Der konstruktive Umgang mit der Realität

Nicht nur bei der Wahrnehmung wird direkt interpretiert. Auch wenn wir uns an etwas erinnern, wird nicht einfach wie beim Computer eine gespeicherte Datei abgerufen. Erinnerung erfolgt konstruktiv: Vorhandene Erinnerungsbruchstücke werden so zusammengesetzt, wie es gewesen sein »muss«. Dabei passen wir unsere Erinnerungen unbewusst unserem Erfahrungshorizont und unserem aktuellen Wissenstand an. So kann es passieren, dass wenn man nach Jahren alte Freunde trifft und in Erinnerungen schwelgt, die Erinnerungen sehr unterschiedlich ausfallen können.

Das führt sogar dazu, dass wir auch falsche Informationen einfach in unsere Erinnerungen einbauen. Bereits Loftus und Palmer (1974) zeigten diesen misinformation effect. Schon Suggestivfragen können diesen Effekt hervorrufen. Deshalb werden Zeugenaussagen von der Polizei auch mit einem gewissen Misstrauen betrachtet.

---

[4] Asch, S. E. (1946) ebd.

Experiment zur Sache (Lofthus & Palmer, 1974[5])

Versuchspersonen wurde ein Film über einen Verkehrsunfall gezeigt. Die Wortwahl bei der Aufforderung zur Einschätzung der Geschwindigkeit beeinflusste dabei die Zeugenaussagen. Wurden die Versuchspersonen gefragt, wie schnell die Autos fuhren, als sie sich berührten, gaben sie eine geringere Geschwindigkeit an, als wenn sie gefragt wurden, wie schnell die Autos gefahren sind, als sie zusammenstießen. Die, die nach der Geschwindigkeit beim Zusammenstoßen gefragt wurden, glaubten, sich auch häufiger an Glasscherben zu erinnern, als die Versuchspersonen in der Parallelgruppe.

In einer anderen Untersuchung konnte gezeigt werden, dass der misinformation effect auch in Kommunikationssituationen auftreten kann.

Versuchspersonen unterhielten sich dabei mit einem anderen Menschen. Nachdem ihnen mitgeteilt wurde, dass dieser Mensch sie nett (Gruppe A) – bzw. alternativ unsympathisch (Gruppe B) – fand, sollten sie sich an sein Verhalten während des Gesprächs erinnern. Versuchspersonen der Gruppe B, die dieser Mensch angeblich unsympathisch fand, beschrieben ihn mit wesentlich negativeren Adjektiven als die Versuchspersonen in der Gruppe A.

Tipp für Führungskräfte

Im Nachhinein ist es also sehr schwer, konkrete Sachverhalte korrekt zu erinnern und zu beschreiben. Wahrscheinlichkeiten werden ebenso in die Erinnerung integriert, wie Vorerfahrungen oder inzwischen Gehörtes. Auch Zeugenaussagen sind mit Vorsicht zu betrachten. Wenn Sie sich ein konkretes Bild über einen bestimmten Sachverhalt machen wollen, sollten Sie also mit mehreren Menschen darüber sprechen. Und wundern Sie sich nicht, wenn die Informationen sehr unterschiedlich ausfallen. Man schließt hier schnell auf böse Absichten, aber es ist manchmal nur das Gehirn, das der »objektiven Wahrheit« im Wege steht.

---

[5] Loftus, E. F., Palmer, J. C. (1974): »Reconstruction of Automobile Destruction: An Example of the Interaction Between Language and Memory« . Journal of Verbal Learning and Verbal Behavior 13: 585–589.

5.4   Nichts geschieht ohne Grund

»Jede Wirkung hat auch eine Ursache« – oder anders ausgedrückt: Jemand muss Schuld haben.

Auch der Wunsch nach Kausalität beeinflusst unser Denken. Die Erwartung eines Zusammenhangs zwischen Ursache und Wirkung führt dazu, dass wir auch dann Ursachen feststellen, wenn es objektiv keine Ursache gab. Notfalls wird das »Schicksal« bemüht. Das Motiv, das zu dieser Illusion führt, ist das Bedürfnis nach Kontrolle. Im Abschnitt Motivation werden wir ihm ausführlicher begegnen. Das Gefühl von Kontrolle ist höher, wenn man den Eindruck hat, bestimmte Gegebenheiten voraussehen und erklären zu können. Solch eine Vorhersage ist aber nur dann möglich, wenn eine regelmäßige Struktur entdeckt werden kann.

Beispiel für eine solche illusorische Korrelation:

So ließ beispielsweise ein Team von Wissenschaftlern Frauen über mehrere Monate hinweg täglich ihre Stimmung auf einer Rating-Skala einschätzen. Obwohl sich objektiv gesehen aus den Angaben zur Befindlichkeit kein Zusammenhang mit dem Verlauf des Menstruationszyklus ergab, glaubten die Frauen, genau diesen Zusammenhang zu erkennen. Es kommt zu dieser Illusion, weil die Frauen die Theorie haben, dass ein Zusammenhang zwischen Befindlichkeit und Zyklus besteht.

Übrigens glauben auch viele Männer, der Menstruationszyklus würde Stimmungsschwankungen verursachen. Jetzt wissen Sie es auf jeden Fall besser!

Tipp für Führungskräfte

Auch wenn die Suche nach dem Schuldigen in vielen Unternehmen einen höheren Stellenwert hat, als die Schadensbegrenzung oder die Problemlösung – machen Sie sich als Führungskraft klar, dass nicht jedes Ereignis zwangsläufig eine nachvollziehbare Ursache haben muss. Manchmal sind es unglückliche Verknüpfungen, manchmal Zufälle. Was zeitgleich erfolgt, muss nicht zusammengehören. Und zeitliche Abfolgen von Sachverhalten brauchen nicht im Zusammenhang zu stehen und schon gar nicht Ursache und Wirkung zu sein.

Setzen Sie also lieber Ihre Kraft in die Suche nach den Lösungen. Die Vergangenheit kann man sowieso nicht ändern – die Zukunft schon.

5.5 Sich selbst erfüllende Prophezeiungen

Es ist nicht nur so, dass wir Zusammenhänge wahrnehmen, wo keine sind. Durch unsere Erwartungen schaffen wir Zusammenhänge, wo eigentlich gar keine sein sollten.

Experiment zur Sache (Rosenthal & Jacobson, 1968[6])

Die Forscher hatten in ihrer Untersuchung Lehrer über den angeblichen Intelligenzquotienten ihrer Schüler informiert. Einige dieser Schüler würden in der nächsten Zeit ein »dramatisches Intelligenzwachstum« zeigen. Obwohl die IQ-Werte den Schülern per Zufall zugewiesen wurden, hatten Schüler, denen ein hoher IQ bescheinigt worden war, nach einiger Zeit tatsächlich einen höheren IQ.

Dieser beobachtete Effekt wurde auch als »Pygmalion-Effekt« bekannt.

Ein möglicher Erklärungsansatz: Menschen übernehmen die Erwartungen, die sie an sich selbst haben, oder die von außen an sie herangetragen werden, in ihr Selbstkonzept. Dadurch wird das Verhalten entsprechend den Erwartungen gefördert. Wenn ein Mensch also merkt, dass jemand eine hohe Meinung von ihm hat, wird diese Meinung sein Selbstvertrauen stützen, und er bemüht sich stärker, diese Erwartungen zu erfüllen. Das Ganze funktioniert natürlich auch anders herum: Wenn ich der Meinung bin, etwas kann gar nicht gelingen, dann wird diese Stimmung möglicherweise auf andere ansteckend wirken, ich bemühe mich nicht angemessen zum Gelingen beizutragen (»Bringt ja doch nichts!«) und ich nehme verstärkt wahr, was mich in meiner Meinung bestärkt (»Habe ich doch gleich gesagt – bring nichts!«).

---

[6] Rosenthal, R., & Jacobson, L. (1968): Pygmalion in the classroom. New York: Holt, Rinehart & Winston.

Tipp für Führungskräfte

Als Führungskraft sollte man sich klar darüber sein, dass eigene Erwartungen das Ergebnis wesentlich beeinflussen können. Wenn man also schon etwas erwartet, dann sollte es ein positiver Ausgang sein! Wenn ein Mitarbeiter nicht gefordert wird, wird er in der Regel auch nicht so gute Leistungen erbringen. Das Zutrauen, das er von der Führungskraft spürt, beeinflusst seine Sicht von sich selbst und macht ihm Mut, auch schwierige Aufgaben anzupacken.

5.6 Über den Daumen gepeilt – Heuristiken

Nach der cognitive-experiential self-theory (cest) von Seymour Epstein[7] benutzen wir zwei unterschiedliche Denkformen: einerseits rational-logisches Denken bei analytischen, mathematischen Problemen und andererseits intuitives, erfahrungsbezogenes Denken (schnelle Entscheidungen mithilfe von auf Erfahrungen basierenden Heuristiken) in den meisten emotional geladenen und sozialen Situationen. Heuristiken sind Faustformeln oder Daumenregeln und erlauben es uns, auf der Basis von bruchstückhaftem Wissen sehr schnelle und komplexe Entscheidungen zu treffen. Tversky & Kahneman[8] unterscheiden drei Typen:

Repräsentativitätsheuristik

Hier kommt es darauf an, für wie wahrscheinlich wir ein bestimmtes Ergebnis halten. So halten die meisten Menschen eine Person, die als »schnell, dynamisch und risikofreudig« beschrieben wird, eher für einen Kletterer, als für einen Mathematiker. Oft stimmt diese Einschätzung, manchmal jedoch nicht.

Verfügbarkeitsheuristik

Ein bestimmtes Ereignis wird für wahrscheinlicher gehalten, wenn es gerade sehr präsent in der Wahrnehmung ist. Ist man beispielsweise gerade Zeuge eines Autounfalls geworden, schätzt man die Wahrscheinlichkeit für einen Unfall deutlich höher ein.

---

[7] Epstein, S. (2003): Cognitive-experiential self-theory of personality. In Millon, T., & Lerner, M. J. (Eds): Comprehensive Handbook of Psychology, Volume 5: Personality and Social Psychology (pp. 159–184). Hoboken, N. J.: Wiley & Sons.)

[8] Tversky, A. & Kahneman, D. (1981): The framing of decisions and the psychology of choice. Science.

Ankerheuristik

Hier wird die Wahrscheinlichkeit in Richtung eines zuerst genannten Wertes verzerrt, d. h. eine beliebige zuvor genannte Zahl fungiert als Anker und beeinflusst das Ergebnis.

Beispiel:

Versuchspersonen wurden nach der Wahrscheinlichkeit für einen Atomkrieg gefragt. Versuchsgruppe 1 bekam als Vergleichswert die Frage: »Mehr oder weniger als ein Prozent?« und schätzten danach die prozentuale Wahrscheinlichkeit für einen Atomkrieg: Das Ergebnis lag bei durchschnittlich elf Prozent. Versuchsgruppe 2 bekam die Frage: »Mehr oder weniger als 90 Prozent?« und schätzte anschließend die Wahrscheinlichkeit auf durchschnittlich 26 Prozent.

5.7 Und andere Denkfehler

Diese Formen der Vereinfachung, die unser Gehirn so effizient gestalten, haben natürlich auch ihren Preis. Wir machen Fehler! Eine typische Fehlerquelle kennen die meisten Projektmanager: planning falacy – die Tendenz, die Zeit für die Erledigung einer bestimmten Aufgabe zu optimistisch zu schätzen. Das mag daran liegen, dass bei der Schätzung der Fokus eher auf der Zukunft liegt, und weniger auf der gemachten Erfahrung, dass es meist eben doch länger dauerte, als man glaubte. Manchmal werden beim Schätzen auch nur die »wichtigen« Tätigkeiten berücksichtigt, z. B. bei der Softwareentwicklung die reine Programmierzeit. Ergänzende Tätigkeiten wie Fehlerbehebung oder Dokumentation werden zeitlich oft unterschätzt.

Planning falacy lässt sich leicht vermeiden. Denken Sie einfach daran, wie es in den vergangenen Projekten gelaufen ist. Und rechnen Sie den Einfluss externer Faktoren mit ein, denn die gibt es immer!

Automatic vigilance beschreibt den Effekt, dass man negativen Informationen über andere Personen mehr Aufmerksamkeit schenkt, als positiven Informationen. Das mag ein Erbe der Evolution sein, denn die kritische Aufmerksamkeit sicherte in früheren Zeiten das Überleben. Da jedoch unsere Aufmerksamkeitskapazitäten limitiert sind, kann es passieren, dass wir andere wichtige Informationen übersehen. Dieser Effekt ist sehr stark! Informationen, denen wir die größte Aufmerksamkeit schenken, beeinflussen auch unser Denken und unsere Urteile über andere am stärksten. Diesen Effekt sollte man also bei Leistungsbeurteilungen auf jeden Fall berücksichtigen.

The potential cost of thinking to much: Manchmal bringt eine lange und intensive Beschäftigung mit einer Aufgabe nicht die richtigen Ergebnisse, sondern nur Konfusion.

Experiment zur Sache (Wilson & Schooler, 1991[9])

Sie ließen Versuchspersonen Erdbeermarmelade testen. Eine Gruppe sollte sie lediglich einfach bewerten, eine andere Gruppe genau ihre Reaktionen auf das Produkt analysieren.

Ergebnis: Die Versuchspersonen, die bloß eine einfache Einschätzung abgaben, stimmten mit dem Ergebnis professioneller Produkttester viel besser überein als die andere Gruppe. Das Ergebnis ist ein typisches Beispiel dafür, dass zu viel Beschäftigung mit der Materie die Ergebnisqualität verschlechtern kann: the potential cost of thinking to much.

Die Liste ist noch längst nicht komplett. Aber Sie haben sicherlich einen Eindruck erhalten, wie unser Gehirn tickt.

5.8 Risiko- und Chancenabwägung

»Zu den verlässlichsten Eigenschaften der Psychomathematik gehört, dass Menschen durch einen Verlust mehr Schmerz erleiden, als sie Freude über einen gleich großen Gewinn empfinden. Wir ärgern uns mehr über den Verlust von 100 Dollar, als uns der Gewinn von 100 Dollar beglückt. Das gilt nicht nur für Geld, sondern für unser Leben allgemein.« (Levine, Robert[10]). Evolutionstechnisch ist eine stärkere Gewichtung des Negativen absolut sinnvoll. Für das Überleben der Menschheit war es wichtiger, Katastrophen aus dem Weg zu gehen, als das Glück zu suchen. Dementsprechend liegt dem Risikoverhalten der meisten Menschen eine Überreaktion auf Verlust und Schmerz zugrunde. Lieber

---

[9] Wilson T. D., Schooler J. W.: Thinking too much: introspection can reduce the quality of preferences and decisions. J. Pers. Soc. Psychol. 1991 Feb; 60(2): 181–192.
[10] Levine, Robert: »Die große Verführung«, S. 176

den Spatz in der Hand als die Taube auf dem Dach! Die wenigsten Menschen sind bereit, 10 Euro zu riskieren, um auf die richtige Seite eines Münzwurfs zu wetten. Wenn die Chancen mindestens 2 zu 1 für sie stehen, sieht die Sache schon anders aus.

Geht es aber darum, Verluste zu vermeiden, ist die Risikobereitschaft wesentlich höher. Verluste werden als so schmerzhaft erlebt, dass man sie um jeden Preis vermeiden sollte.

Beispiel:

Bei einer Studie wurden Teilnehmer vor die Wahl gestellt, entweder mit 85-prozentiger Wahrscheinlichkeit 1 000 Euro zu verlieren oder in jedem Fall 850 Euro zu verlieren. Die Mehrheit entschied sich für die 85-prozentige Verlustwahrscheinlichkeit.

So lange eine geringe Chance besteht, den Status quo zu erhalten – also sein Geld behalten zu können – riskieren wir auch den höheren Verlust. Die Hoffnung stirbt zuletzt. Wer auf Aktien spekuliert, kennt das Gefühl wahrscheinlich.

Studie zur Sache (Tversky & Kahnemann, 1981)

Die Teilnehmer bekamen folgendes Szenario vorgestellt:

Stellen Sie sich vor, die Vereinigten Staaten bereiten sich auf den Ausbruch einer seltenen asiatischen Krankheit vor, bei der man mit dem Tod von 600 Leuten rechnet. Zur Bekämpfung dieser Krankheit werden zwei verschiedene Programme vorgeschlagen. Die genauen wissenschaftlichen Schätzungen der Programmauswirkungen sehen so aus:

• Wenn Programm A durchgeführt wird, werden 200 Menschen gerettet.

• Wenn Programm B durchgeführt wird, besteht eine Wahrscheinlichkeit von einem Drittel, dass 600 Menschen gerettet werden und eine Wahrscheinlichkeit von zwei Dritteln, dass niemand gerettet wird.

Welchem der beiden Programme würden Sie den Vorzug geben?

72 Prozent der Befragten wählten die sichere Rettung von 200 Personen – also Variante A. Nur 28 Prozent waren bereit, das Risiko von Variante B einzugehen.

Aber die Antworten änderten sich dramatisch, wenn die Formulierungen anders lauteten:

Welches der folgenden Programme würden Sie bevorzugen?

• Wenn Programm C durchgeführt wird, werden 400 Menschen sterben.

• Wenn Programm D durchgeführt wird, besteht einen Wahrscheinlichkeit von einem Drittel, dass niemand sterben wird, und eine Wahrscheinlichkeit von zwei Dritteln, dass 600 Menschen sterben werden.

Die Veränderung der Formulierung – in der Sache ändert sich nichts – führte zu einer Wende der Aussagen. Nur 22 Prozent entschieden für Programm C, 70 Prozent hingegen stimmten für das Programm D.

Tipp für Führungskräfte

Das Risikoverhalten kann man sich in der Formulierung von Entscheidungsalternativen zunutze machen. In der Werbung für Versicherungen hat man bereits seit Längerem die Konsequenzen aus diesen Erkenntnissen gezogen: Wurde früher eher mit Ängsten gespielt (»Morgen könnten Sie schon tot sein. Und was wird dann aus Ihrer Familie? – Hoffentlich ... – versichert!«), setzt man heute auf Familienglück und stete Zufriedenheit (»Versicherung. Vorsorge. Vermögen«) – die Versicherung als Garant fürs Lebensglück. Denn die Menschen sind eher bereit, einen geringen Betrag aufzuwenden, um den Status quo zu erhalten, als dass sie dafür bezahlen, ein bestimmtes Risiko abzuwenden. Vielleicht hat man ja Glück, und es trifft einen gar nicht selbst. Dann hätte man das Geld umsonst ausgegeben. Außerdem beschäftigen sich die meisten Menschen gedanklich gar nicht gerne mit unangenehmen Alternativen.

Im Unternehmen kann das bedeuten, dass man eher die Mitarbeiter zu Gehaltskürzungen motivieren kann, wenn im Gegenzug die Sicherung der Arbeitsplätze gewährleistet ist. Die Motivation dazu wird sehr viel schwächer sein, wenn die Führung stattdessen mit Stellenabbau droht.

Zusammengefasst: Menschliches Entscheidungsverhalten ist nicht immer logisch. Unser Gehirn ist so gebaut, dass wir auch trotz Unsicherheit schnelle Entscheidungen »aus dem Bauch heraus« treffen können. Der Versuch, alle Fakten zu sammeln und aus dem Wust von Entscheidungsmöglichkeiten die objektiv richtige Entscheidung zu fällen, nutzt nicht das Potenzial unserer Intuition. Andererseits hat unsere Intuition aber auch Lücken. Die sollte man sich bewusst machen.

❗ Zu einer guten Entscheidung gehört Kognition und Intuition. Vor allem aber Mut!

6   Führungsaufgabe Entscheidungen treffen

Die Grunderwartungen an eine Führungskraft ist, dass sie Entscheidungen zu treffen hat. Doch wie wir bei der Führungsaufgabe Informationsweitergabe schon angesprochen haben: Das ist gar nicht so einfach. Manchmal verfügt man über eine solche Menge von Informationen, dass man sie kaum fachlich überblicken kann. Manchmal gibt es so viele mögliche Alternativen und Konsequenzen, dass allein die Vorstellungskraft einen daran hindern kann, eine Entscheidung zu treffen.

**❗ Schnelle Entscheidungen sind gar nicht so selten
◼ ein Produkt mangelnder Fantasie.**

Und manchmal gibt es einfach keine ausreichenden Informationen, um eine gute, sachliche und abgewogene Entscheidung treffen zu können. Je höher Sie in der Hierarchie steigen, umso mehr sollten Sie sich an den Umgang mit Ungewissheit gewöhnen. In der Unternehmensführung oder bei strategischen Entscheidungen gibt es keine Patentrezepte. Höchstens Management-Moden wie Zentralisierung/Dezentralisierung, Outsourcing/Insourcing, Konzentration/Diversifikation ... Man erkennt schon anhand dieser Polaritäten – niemand weiß genaues.

Die Fähigkeit, seiner Intuition zu vertrauen, zeichnet einen guten Manager aus. Damit hat man sich natürlich bei der Informationsweitergabe ein Problem eingehandelt, denn erklären Sie mal Ihren Mitarbeitern, Sie hätten die strategische Ausrichtung in ein bestimmtes Produktportfolio aus dem Bauch heraus getroffen und die zündende Idee dazu sei Ihnen nachts im Schlaf gekommen. Das wirkt nicht wirklich vertrauensbildend. Aber genau so funktioniert Intuition: Sie schleicht sich heran und kommt meist dann zum Vorschein, wenn das Bewusstsein Pause hat. Doch bei aller Qualität intuitiver Entscheidungen – reflektieren Sie kritisch jede Ihrer Entscheidungen, ob Sie nicht einem typischen Denkfehler, Wahrnehmungsfilter oder einer fehlerhaften Chancen/Risikoabwägung gefolgt sind. Jede gute Entscheidung sollte durchaus auch einem Reality check standhalten können, wenn man sicherlich auch nicht alle offenen Fragen erschöpfend beantworten kann. Wobei nach Dan Ariely Denken hilft, aber nichts nützt.[11] Manchmal muss man einfach mit der eigenen Unzulänglichkeit leben.

---

[11] Ariely, Dan; Gockel, Gabrielle & Zybak, Maria: »Denken hilft zwar, nützt aber nichts: Warum wir immer wieder unvernünftige Entscheidungen treffen«, Knaur 2010

Hier einige Tipps, wie Sie Ihre Entscheidungsfindung verbessern können:

• Diskutieren Sie den Entscheidungsprozess mit Außenstehenden. Einerseits hilft es häufig, die eigenen Prozesse artikulieren zu müssen. Einiges wird einem in der Erklärung auch selbst klar. Andererseits können Nachfragen und kritisches Hinterfragen dazu führen, eigene Denkfehler oder Leerstellen zu entdecken und Lösungen zu entwickeln.

• Schlafen Sie einmal darüber, bevor Sie Entscheidungen treffen. Geben Sie dem Unterbewusstsein, Ihrer Intuition, eine Chance. Reflektieren Sie dann die eigenen Gefühle in der Sache und versuchen Sie, diese zu konkretisieren und bewusst zu machen.

• Sigmund Freud hat vorgeschlagen, Entscheidungen auszuwürfeln. In dem Moment, wo der Würfel fällt, spüren Sie, wie Sie emotional zu den einzelnen Entscheidungsalternativen stehen: Erleichterung oder Unbehagen. Und dann tun Sie, was Ihr Gefühl Ihnen rät.

• Auch die Arbeit mit Entscheidungsmatrizen kann helfen. Ein Beispiel dazu finden Sie im Anhang.

Literaturempfehlungen zur Vertiefung des Themas
• Ariely, Dan: »Denken hilft zwar, nützt aber nichts – Warum wir immer wieder unvernünftige Entscheidungen treffen.« Droemer, 2010
• Storch, Maja: »Das Geheimnis kluger Entscheidungen«. Piper, 2011
• Dörner, Dietrich: »Die Logik des Misslingens«. Rowohlt, 2003

Selbstreflexion und Forschungsfragen

Wie treffe ich üblicherweise Entscheidungen?

_____

_____

Welche Erfahrungen habe ich mit meiner Art der Entscheidungsfindung gemacht?

_____

_____

Reflexion des letzen Entscheidungsprozesses:
Was lief gut? Was hätte besser laufen können?

_____

_____

Für welche Denkfehler und Wahrnehmungsfilter bin ich empfänglich?
Wie kann ich damit besser umgehen?

_____

_____

Wann will ich das ausprobieren?

_____

_____

Woran erkenne ich, dass die Qualität meiner Entscheidungen steigt?

_____

_____

7 Das Gehirn ist eine Autobahn

Unser Denken ist also alles andere als analytisch und rational. Doch wodurch entstehen solche konstruierten Zusammenhänge und Einflussgrößen? Als rationelle Informationsverarbeiter bilden wir Schubladen, in die Wahrgenommenes schnell einsortiert werden kann – sogenannte Schemata. Das sind in unserem Gehirn neuronale Netzwerke von auf Erfahrung basierenden Informationen zu bestimmten Situationen oder Ereignissen. Sie helfen dabei, Wahrnehmungen schnell interpretieren und nutzen zu können.

Es gibt Schemata für

• Personen: bestimmte Wahrnehmungsaspekte hängen eng zusammen mit bestimmtem Verhalten, einzelne Menschen repräsentieren bestimmte Typen – »Dicke sind gemütlich!«

• Rollen: Informationen, wie Personen, die eine bestimmte soziale Rolle (z. B. Führungskraft) einnehmen, im Allgemeinen handeln und wie sie in der Regel sind oder zu sein haben.

• Ereignisse, Situationen: Erwartungen, was in einer bestimmten Situation geschieht (auch Skripte genannt).

Schemata haben einen starken Effekt auf folgende Aspekte der sozialen Kognition:

· Aufmerksamkeit (welche Informationen wir wahrnehmen): unerwartete Informationen, die nicht ins Schema passen, erwecken besondere Aufmerksamkeit. Allerdings werden extrem inkonsistente oder unerwartete Informationen auch häufig heruntergespielt oder einfach ignoriert (siehe auch »Kognitive Dissonanzreduktion, Seite 49).

• Enkodierung (welche Informationen wir speichern): Informationen, die ins Schema passen, werden besser erinnert, als inkonsistente.

• Abruf (welche Informationen wir wieder erinnern): Je nachdem, welches Schema aktiviert ist, werden entsprechende zu dem Schema gehörende Informationen aus dem Gedächtnis geliefert.

Ein Beispiel für ein Skript

Stellen Sie sich einmal vor, Sie besuchen mit Ihrer Begleitung ein besonders gutes Sterne-Restaurant. Sie haben dort einen Tisch reserviert. Man erwartet Sie schon an der Tür, nimmt Ihnen den Mantel ab und geleitet Sie zu Ihrem Tisch. Nachdem Sie Platz genommen haben, stellt Ihnen ein Kellner die aktuelle Tageskarte vor und nimmt Ihre Getränkewünsche entgegen. Sie haben sich für das Tagesmenü entschieden und bestellen es. Nach einer kurzen Wartezeit kommt der Kellner und bringt Ihnen die Rechnung: »Bei uns ist Vorkasse üblich!« – Wie reagieren Sie in einem solchen Fall? Bei vielen Menschen stellt sich hier starke Irritation ein bis hin zum inneren Widerstand: »Ich stehe auf und verlasse das Restaurant!« Warum eigentlich? Bei McDonalds funktioniert es doch genau so. Und bezahlen wollten Sie ja schließlich auch – ob nun vorher oder nachher kann Ihnen eigentlich egal sein. Ist es aber nicht. Denn hier wird ein Verhaltens-Schema – ein Skript – verletzt, das wir uns über den Besuch von Nobelrestaurants gebildet haben.

7.1 Warum wir in Mustern handeln

Laut einer Studie[12] publiziert die New York Times innerhalb einer Woche mehr an Informationen, als ein normaler Bürger im 18. Jahrhundert in seinem ganzen Leben erfahren durfte. Mithilfe der oben genannten Verarbeitungsmechanismen wie Schemata und Skripte kann unser Gehirn es schaffen, mit dieser Menge an Informationen halbwegs sinnvoll umzugehen. Man kann sich das Gehirn mit seinen neuronalen Netzen als ein riesiges Straßennetz vorstellen. Da gibt es Autobahnen, Bundes- und Landesstraßen, Feldwege und Trampelpfade, Sackgassen und Einbahnstraßen. Üblicherweise befinden wir uns auf »eingefahrenen Bahnen«, reagieren spontan und denken nicht darüber nach, was wir gerade tun. Das sind die Routinen des Tages, das »Tagesgeschäft«. Diese Verhaltensweisen hat man so verinnerlicht, dass es keiner bewussten Entscheidung bedarf, wie und was zu tun ist. Wenn Sie unter der Dusche stehen, sich das Essen machen, zur Arbeit fahren ... Bei diesen Autobahnen ist das neuronale Netz besonders dicht verknüpft und bereits geringe Reize reichen aus, um das damit verbundene Verhaltensschema abzurufen. Aber wie ist das, wenn Sie gerade erst den Führerschein gemacht haben und das Autofahren noch nicht so sehr Routine ist? Hier befinden Sie sich auf einem Trampelpfad, der Ihrer erhöhten Aufmerksamkeit bedarf: Nach vorne schauen (und auch mal nach hinten!), Kuppeln, Gang einlegen, Kupplung kommen lassen, parallel dazu

---

[12] Fisch, Karl; McLeod, Scott & Brenman, Jeff: »Did you know?«

Gas geben, Blinker setzen, direkt wieder kuppeln, hochschalten ... In der Beschreibung hört sich das ziemlich kompliziert an, und in den ersten Fahrstunden war es das wahrscheinlich auch. Aber nach mehreren Tausenden von gefahrenen Kilometern denkt man über Kuppeln und Gasgeben nicht mehr nach, fährt mit Tempo 200 auf der Autobahn und programmiert parallel dazu das Navigationssystem. Aus dem Trampelpfad ist eine Hauptstraße geworden. Diese Autobahnen in unserm Gehirn erleichtern uns also unser Leben ganz erheblich, denn sie binden erstaunlich wenig Aufmerksamkeit, sodass wir uns auf »Wichtigeres« konzentrieren können. Doch was Vorteil ist, ist auch Nachteil, denn was passiert, wenn wir uns auf neue Situationen einstellen müssen? Wenn wir auf neue Herausforderungen mit alten Gewohnheiten reagieren, ist das möglicherweise nicht sehr Erfolg versprechend. Ein Beispiel dazu: Sie möchten durch eine Tür gehen, die üblicherweise zwar geschlossen, aber nicht verschlossen ist. Eines schönen Tages lässt sich die Klinke zwar herunterdrücken, aber die Tür öffnet sich nicht. Was tun die meisten Menschen? Sie drücken noch mehrfach die Klinke runter und rütteln an der Tür. Davon geht sie aber nicht auf. Und dass sie zu war, hätte man eigentlich schon beim ersten Mal bemerken können. Also, statt der »Autobahn« zu folgen – hier das mehrfache Herunterdrücken der Türklinke – sollten wir uns also auf den »Trampelpfad« begeben und mal kurz darüber nachdenken, wer wohl einen Schlüssel zu dieser Tür hat. Natürlich sind Trampelpfade mühsam. Aber wenn man sie oft genug geht, verknüpfen sich die Synapsen, das Netzwerk verdichtet sich und aus dem Trampelpfad wird bald eine Autobahn. Natürlich sollten wir uns bemühen, »Sackgassen« und »Einbahnstraßen« zu vermeiden. Nicht jede mögliche Handlungsoption ist sinnvoll. Manche führen eher in Krisen oder Eskalationen als in Lösungen. Und nicht alles, was nach einer Lösung aussieht ist auch eine.

Beispiel:

Horst Klausmann – 52 Jahre alt, Techniker – arbeitet seit 18 Jahren als Verkäufer in einem Produktionsbetrieb, der Zulieferteile für die Automobilindustrie herstellt. Die Auftragseingänge der Abteilung gehen seit drei Jahren kontinuierlich nach unten. Herr Klausmann sieht die Ursache dazu einerseits in dem durch die Globalisierung deutlich gestiegenen Wettbewerb mit seinem Kostendruck. Auf der anderen Seite hat er es vermehrt mit einer neuen Generation von jungen Einkäufern zu tun, die heute in den Konzernen die Entscheidungen trifft. Früher sprach man mit den technischen Leitern von Spezialist zu Spezialist.

Das funktioniert heute kaum noch. Er trauert den guten, alten Zeiten nach.

Die gut ausgebaute Autobahn ist das persönliche Gespräch mit den Spezialisten beim Kunden. Sie führt hier kaum weiter.

Trotzdem versucht es Horst Klausmann mit mehr vom Gleichen. Er intensiviert die Kontakthäufigkeit und bemüht sich, auch Beziehungen zu den Einkäufern aufzubauen. Obwohl er viele Kundenkontakte nachweisen kann, erreicht er die Vertriebsziele in diesem Jahr nicht. Er fühlt sich in den Gesprächen mit den Einkäufern unwohl (»Die haben ja von Technik keine Ahnung« – »völlig merkwürdige Vorstellungen, was geht und was nicht ...« – »es geht ja nur über den Preis, Qualität spielt gar keine Rolle«).

Hier sieht man deutlich die Krux in der rationellen Informationsverarbeitung. Was einerseits das Leben leicht macht, blockiert uns in Veränderungsprozessen. Die ehemalige Autobahn wird zur Sackgasse.

Tipp für Führungskräfte

Wenn wir uns mit Schemata und Skripten beschäftigen, mit den Autobahnen, haben wir es mit dem »klassischen Tagesgeschäft« zu tun. Wir wissen, was von uns erwartet wird, wie die Dinge zu tun sind und wie die Welt in diesem Umfeld zu funktionieren hat. Das verschafft ein hohes Maß an Handlungssicherheit. Gehirnkapazitäten werden dadurch frei und können für andere Aufgaben genutzt werden – oder auch gar nicht. Sätze wie »Das haben wir schon immer so gemacht« entfalten da eine ganz eigene Kraft. Routine ist etwas Verlässliches, das auch Sicherheit gibt. Geben Sie sich und Ihren Mitarbeitern auch die Chance, Skripte zu entwickeln und ihr »Straßennetz« zu festigen. In manchen Firmen ist die Veränderungsgeschwindigkeit höher als die Umsetzungsgeschwindigkeit. Für die Mitarbeiter sind das immense Kraftakte. Entschleunigen Sie! Neue Prozesse brauchen Zeit.

❗ Wir bewegen uns in der Regel automatisch auf den »Autobahnen« unseres Gehirns. Müssen wir diese verlassen, reagieren wir mit Irritation und Verunsicherung.

7.2 Warum wir uns mit Veränderungen so schwer tun

Schauen Sie sich doch einmal die folgende Abbildung an. Wenn Sie sich die Grafik linksaußen ansehen, sehen Sie einen Männerkopf. Folgen Sie nun den Grafiken von links nach rechts. Wie lange ist für Sie der Männerkopf noch als Männerkopf erkennbar?

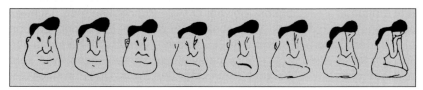

Abb. 4: Hysterese in der Wahrnehmung[13]

Die meisten Menschen geben hier an, dass spätestens beim sechsten Bild der Kopf nicht mehr als Kopf zu erkennen ist.

Schauen wir uns die Illustration nun einmal von der anderen Seite an. Da sehen wir eine kniende Frau. Wie lange ist die kniende Frau noch zu erkennen, wenn wir den Bildern von rechts nach links folgen?

Auch hier wird in der Regel das sechste Bild angegeben. Es gibt also zwei Bilder in der Mitte, die je nach Sichtweise sowohl für einen Männerkopf gehalten werden können, wie auch für eine kniende Frau – je nachdem aus welcher Richtung man schaut. Hier haben wir wieder das Phänomen von Stabilität: Hat sich das Gehirn für eine Variante entschieden, versucht es auch, diesen Eindruck möglichst lange zu bestätigen. Dieses Wahrnehmungsphänomen nennt man Hysterese.

Tipp für Führungskräfte

Dieses Wahrnehmungsverhalten erklärt, warum sich Menschen so schwer tun, Krisen zu erkennen. Wir betrachten einen Zustand als gegeben. Selbst, wenn er sich verändert, fällt es schwer, die Veränderungen so zu betrachten, dass sie auf etwas Neues hinweisen könnten. Auf Krisen bezogen: »Ja, der Auftragseingang ist etwas zurückgegangen, dafür war die Höhe der Auftragseingänge im letzten

---

[13] Kriz, Jürgen: Systemtheorie für Psychotherapeuten, Psychologen und Mediziner. S. 76

Jahr aber höher als im Vorjahr.« – »Ja, wir haben zwei unserer Kunden an die Konkurrenz verloren, aber das passiert ja immer mal.« – »Ja, die Patente laufen aus, aber im Moment haben wir keine Mittel für Forschung und Entwicklung. Das muss warten.« Erste Krisenindikatoren werden nicht identifiziert und in den Kontext normalen Alltagsgeschehens gesetzt. Schaut man rückwirkend auf die Krise, kann man in der Regel gut erkennen, wann sich die ersten Indikatoren gezeigt haben. Das ist übrigens auch der Grund, warum externe Berater so nützlich sein können. Sie haben in der Regel kein festes Beobachtungsschema, in dem sie verhaftet sind, sondern schauen mit Distanz von außen auf das System.

❗ Aus dem System heraus lassen sich Krisen kaum identifizieren.

8 Führungsaufgabe Veränderungsmanagement

Globale Märkte, Wachstumsorientierung, die Nutzung moderner Medien – unsere Welt ist kleiner geworden und schneller. Die Veränderungszyklen werden kürzer. Eine zentrale Managementaufgabe ist deshalb das Initiieren und Managen von Veränderungen. Macht man sich klar, dass rund 70 Prozent aller Veränderungsprozesse in Unternehmen scheitern,[14] und zwar in der Regel am Widerstand der Belegschaft, kann man erkennen, dass es sich hier weniger um Projektmanagementaufgaben, sondern tatsächlich um Personalführung handelt. Menschen sind zwar extrem anpassungsfähig, aber nicht ohne Not. Grundsätzlich ist unser Gehirn auf Stabilität eingestellt. Instabilität wird als belastend und irritierend empfunden – der Mensch reagiert mit Widerstand. Die ersten Reaktionen sind Kampf- oder Fluchtmechanismen: »Nicht mit mir.« – »Das wollen wir erst mal sehen. Da gehe ich zum Betriebsrat.« Da entwickelt eine Umstrukturierung ein ähnliches Bedrohungspotenzial wie der Anblick eines Säbelzahntigers. Auch Fluchttendenzen werden gerne beobachtet: »Ich mache nur noch, was man mir sagt.« – »Ich rege mich hier nicht mehr auf. Ich habe sowieso nur noch zwei Jahre.« Neben der mentalen Immigration ist auch die Flucht in Krankheit oder in die Kündigung häufig zu beobachten. Manche Führungskräfte reagieren dann mit der Brechstange: Jetzt erst recht!

Wenn die Mitarbeiter nicht an das Gelingen glauben, nicht im Boot sind, entfaltet möglicherweise eine sich selbst erfüllende Prophezeiung ihre Kraft: Das Vorhaben scheitert. Und dann kann der eine oder andere Kritiker aus der Mitarbeiterschar mit tiefer Genugtuung sagen: »Ich habe gleich gesagt, dass das Quatsch ist!«

Als Führungskraft hat man also in Veränderungsprozessen mehrere Aufgaben: Zunächst muss das Bewusstsein für die Krise überhaupt erst einmal geweckt werden. Es fällt schwer, Akzeptanz für einen Personalabbau zu erhalten, wenn im Vorjahr die Rendite nach Steuern bei 16 Prozent lag oder gerade der eigene Produktbereich im letzten Geschäftsjahr die wesentlichen Erträge erwirtschaftet hat.

Hier sollte man als Führungskraft auch nicht fahrlässig sein. Rendite und ROI sind etwas schönes, aber setzen Sie nicht ohne Not den impliziten Kontrakt mit Ihren Mitarbeitern außer Kraft, der da heißt: Geht es dem

---

[14] Linneweh, Klaus: »Die Herausforderung: Führen als personale Autorität«. 2006

Unternehmen gut, geht es auch den Mitarbeitern gut! In den letzten Jahren hatte man häufiger den Eindruck, dass die Interessen von Anteilseignern oder Top-Management sich von den Interessen der Belegschaft abgekoppelt haben. Der Preis dafür ist hoch: Demotivation, Selbstoptimierung, fehlendes Commitment heißt die Währung, die der Mitarbeiter dafür entrichtet. Wer unternehmerisches Denken proklamiert, darf sich nicht wundern, wenn jeder Mitarbeiter sein eigenes Profit-Center ist.

❗ Wenn der Mitarbeiter unternehmerisch denkt und sich selbst als Profit-Center wahrnimmt, ist die Identifikation mit dem Unternehmen nur noch nutzlose Sozialromantik.

Also: Klare Fakten und eine vernünftige Nutzenargumentation sorgen für das nötige Krisenbewusstsein.

Rechnen Sie mit emotionalem Widerstand. Manchmal – gerade bei existenziellen Veränderungen – kann sich dieser verzögern. Die Mitarbeiter befinden sich in einem Schockzustand, die Reaktionen bleiben zunächst aus. Verwechseln Sie das nicht mit Zustimmung oder Akzeptanz. Und treiben Sie in solchen Situationen nicht den Veränderungsprozess voran. Die Reaktionsmuster Kampf und Flucht kommen auf jeden Fall noch!

Wenn die Emotionen hoch schlagen, zeigen Sie Verständnis. Auch Ihr Gehirn hat möglicherweise ein paar Tage gebraucht, um sich mit der neuen Situation abzufinden. Und Sie haben vielleicht auch erst einmal mit Widerwillen reagiert. Erinnern Sie sich daran, dass Emotionen schneller erzeugt werden als Kognitionen. Und die Gefühle, mit denen der Mensch auf Veränderungen reagiert, sind in der Regel nicht Freude und Begeisterung, sondern Unsicherheit, Angst und Ärger.

Sorgen Sie dafür, dass die Türen offen bleiben und ein Dialog stattfinden kann. Die meisten Menschen erkennen irgendwann, dass man sich mit der Situation auseinandersetzen muss. Auch Gewöhnung spielt eine Rolle. Da schaltet sich dann die Großhirnrinde wieder zu, es wird nachgefragt und sich konstruktiv mit der Situation auseinandergesetzt: »Was bedeutet das jetzt konkret für uns?« – »Wie stellen Sie sich denn den Prozess vor?« – »Ich kann das doch gar nicht. Wie soll das denn gehen?« Jetzt müssen alle Fakten noch einmal auf den Tisch. Beim ersten oder auch zweiten Mal hat die nämlich noch niemand wirklich gehört und verarbeitet. Da war man viel zu stark im inneren Widerstand gefangen. Erst wenn diese Phase begonnen hat, macht es Sinn, den

Veränderungsprozess voranzutreiben. Wichtig ist hier, dass die Interaktion nicht aufhört, so dass man schnell merkt, wo etwas nicht stimmt oder aus dem Ruder läuft. Notwendig ist hier eine Dialog- und Fehlerkultur. Noch ist nichts in Stein gemeißelt. Wenn die Mitarbeiter den Eindruck haben,
• ernst genommen zu werden und
• mitgestalten zu können,
wird der Prozess konstruktiver gestaltet. Richten Sie den Blick auf Erfolgserlebnisse, auch wenn noch nicht alles rund läuft, und verbessern Sie systematisch mit der Unterstützung Ihrer Mitarbeiter den Prozess. Dann erreichen Sie das, was Sie eigentlich bereits zu Beginn gefordert haben: Akzeptanz. Und wehe, die nächste Umstrukturierung droht ...

Literaturempfehlung zur Vertiefung des Themas
• Kruse, Peter: »Next practice – Erfolgreiches Management von Instabilität.« Gabal, 2004

Selbstreflexion und Forschungsfragen

Wie reagiere ich selbst auf anstehende Veränderungen?
Bin ich eher ein Bewahrertyp oder ein Wandler?

Reflexion des letzen Veränderungsprozesses:
Was lief gut? Was hätte besser laufen können?

Was könnte ich anders/besser machen?

Wann will ich das ausprobieren?

Woran erkenne ich, dass die Qualität meines Veränderungsmanagements steigt?

9 Lebenslanges Lernen als Notwendigkeit

In der heutigen Zeit ist Veränderung die Norm. Kein Wunder, dass sich bei vielen Mitarbeitern der Wunsch nach Beständigkeit breitmacht, und Veränderungsprozesse nicht mehr mit Spannung, sondern nur noch mit stumpfer Resignation erwartet und umgesetzt werden. Doch das Unternehmen muss lernen, um dauerhaft im Markt bestehen zu können, und mit ihm seine Mitarbeiter. Wie kommt es eigentlich, dass sich in manchen Fällen Mitarbeiter richtig reinhängen und in anderen Fällen nicht, obwohl die Rahmenbedingungen hier ungleich besser sind?

9.1 Der Wunsch nach Konsistenz: Warum Menschen ihre Meinung ändern

Ein Fundament unseres Denkens ist das Bestreben nach Konsistenz. Wir haben ja schon gehört, dass es sich unser Gehirn eigentlich recht gerne etwas bequem macht.

Sind nun gleichzeitig ablaufende psychische Prozesse unvereinbar, spricht man von Inkonsistenz. Was ist damit gemeint? Inkonsistenz tritt beispielsweise auf, wenn zwei Ziele miteinander im Widerspruch stehen.

So kann sich der Mitarbeiter wünschen, die interessante Führungsposition im Ausland anzunehmen, andererseits besteht der Wunsch, das Familienleben nicht zu belasten, und eine längere Trennung wäre für die Ehe möglicherweise kritisch, wie man aus der Diskussion mit der Angetrauten weiß.

Klar, das ist nicht schön. Und deshalb tut unser Gehirn eine Menge dazu, dass sich das schnell wieder ändert.

Bereits Festinger (1957) erkannte den Mechanismus der kognitiven Dissonanzreduktion. Für ihn ist Inkonsistenz/Dissonanz ein schädlicher Zustand, der die Motivation hervorruft, diesen Zustand möglichst schnell zu beenden. Dafür gibt es mehrere Mechanismen:

• Man kann neue konsistente Informationen hinzufügen.

Der Job im Ausland bietet hervorragende Karrierechancen, auch später wieder in Deutschland. Es ist ja auch nur für zwei oder drei Jahre. Eigentlich habe ich gar keine andere Wahl …

- Man kann dissonante Informationen verdrängen.

  Natürlich hat sie Sorgen, wie das werden soll. Aber wir haben ganz viele Möglichkeiten, uns trotzdem zu sehen. Sie wird sicherlich erkennen, dass es für uns Beide das Beste ist. Und sie kann ja mitkommen ...

- Man kann die Relevanz der Kognitionen verändern.

  Ach, sie hatte sicher nur einen schlechten Tag. Wenn wir diese Trennung nicht überstehen, hat unsere Beziehung sowieso keine große Zukunft. Und es ist ja auch noch gar nicht klar, ob ich den Job bekomme. Wozu also die ganze Aufregung? Und so wichtig ist mir die Karriere nun auch nicht ...

Das Phänomen der kognitiven Dissonanzreduktion ist eines der am besten untersuchten Phänomene der Sozialpsychologie. Die damit einhergehenden Einstellungsänderungen sind äußerst robust.

Experiment zur Sache (Festinger & Carlsmith, 1959)

Zunächst sollten die Versuchspersonen eine Stunde lang Stäbchen auf einem Steckbrett versetzen – eine recht langweilige Angelegenheit ohne Reiz. Danach wurde ihnen mitgeteilt, dass es sich um ein Experiment handelt, bei dem untersucht werden soll, wie sich Erwartungen auf die Leistung auswirken. Die nächste Person, die bereits draußen wartet, sollte mit der Erwartung das Experiment beginnen, dass es sich dabei um ein interessantes Experiment handelt. Die Versuchsperson wird deshalb gebeten, die ihr nachfolgende Versuchsperson davon zu überzeugen, dass es sich um ein interessantes Experiment handelt. Dafür erhält sie auch eine Entlohnung. Je nach experimenteller Bedingung werden ihr 1 Dollar oder 20 Dollar dafür geboten. Nachdem die Versuchsperson den Lohn erhalten hat und ihren Nachfolger davon überzeugt hat, dass es sich dabei um ein interessantes Experiment handelt, trifft sie beim Ausgang »zufällig« eine andere Person, die eine Umfrage macht. Im Rahmen dieser Umfrage soll die Versuchsperson auch angeben, für wie wichtig und interessant sie das Experiment fand, an dem sie gerade teilgenommen hat. Die Versuchspersonen, die nur 1 Dollar bekommen haben, beurteilten das Experiment interessanter als die Versuchspersonen in der Gruppe mit 20 Dollar.

Erklärung:

Es ist klar, dass niemand die ursprüngliche Aufgabe mit den Stäbchen wirklich spannend fand. Es erzeugt also kognitive Dissonanz, wenn die Versuchsperson anschließend jemand erklären soll, wie spannend das Experiment ist. Die kognitive Dissonanz ist **bei 1 Dollar höher,** weil die Personen freiwillig gegen ihre Einstellung gehandelt haben. Es gibt keine ausreichenden äußeren Faktoren, die ihr Verhalten rechtfertigen. Die erzeugte Dissonanz wird reduziert, indem man die eigene Einstellung ändert: Das Experiment war doch eigentlich ganz spannend.

Die kognitive Dissonanz ist **bei 20 Dollar geringer,** weil die Person ihr Verhalten mit der hohen Bezahlung rechtfertigen kann (sie hat eine ausreichende externe Rechtfertigung).

Identifiziert man sich mit einem Ziel und verfolgt dieses Ziel mit hoher innerer Motivation, Entschlossenheit und Willenskraft, so werden inkonsistente störende Signale aktiv gehemmt. So kann sich der Mensch auch unter sehr schwierigen Bedingungen, zum Beispiel in lebensbedrohlichen Situationen, auf ein bestimmtes Ziel konzentrieren und planvoll handeln.

Das bedeutet im Klartext übrigens auch: Wenn ich für einen Job extrem gut bezahlt werde und mich mit Statussymbolen umgeben kann, zeige ich möglicherweise ein deutlich geringeres Commitment für die Aufgabe und den Lernprozess, als wenn ich eher schlecht bezahlt werde.

Tipp für Führungskräfte

Dass bessere Bezahlung oder Prämien zu geringerer Motivation führen, stößt bei vielen Menschen – Führungskräften und Mitarbeitern – auf Unverständnis und Widerstand. Kann das wirklich sein? Ja, dieser Effekt ist sehr gut belegt. Trotzdem sind Prämien und gute Bezahlung natürliche etwas Schönes. Man sollte es nur nicht mit Motivation verwechseln. Die resultiert aus der Arbeit selbst heraus, aus den damit verbundenen Zielen, aus der Sinnhaftigkeit des eigenen Tuns, aus Erfolgserlebnissen und Anerkennung für das Erreichte. Delegieren Sie Ihre Führungsverantwortung also nicht an ein Prämien- oder Provisionssystem, wenn Sie die Motivation der Mitarbeiter langfristig erhalten möchten. Sie sollten jetzt allerdings auch nicht auf den Gedanken kommen, das Gehalt zu kürzen, um die Motivation zu heben. Das klappt nicht!

! Schlechte Bezahlung führt nicht zwangsläufig zu niedriger Motivation und hohe Bezahlung nicht zu hoher Motivation. Im Gegenteil!

9.2 Was bringt uns zum Lernen?

Aber Inkonsistenzen sind nicht nur lästig. Auch Lernen ist ein Ergebnis von gespürter Inkonsistenz!

Beispiel:

Ein Mitarbeiter beschäftigt sich mit einer Konstruktionsaufgabe, deren Lösungsweg er noch nicht kennt. Ein Kollege hat ihm gesagt, dass die Aufgabe schwierig sei – man müsse schon etwas drauf haben, um sie zu lösen. Der Mitarbeiter ist hochmotiviert, aber die bekannten Lösungswege versagen. Er ist ärgerlich, sein Selbstwertgefühl leidet – es kommt zu Inkonsistenzen. Diese schlagen sich neuronal nieder, es kommt zu Erregungsfluktuationen im Gehirn. Im Rahmen dieser Fluktuationen entstehen plötzlich neue Muster, die noch nie aufgetreten sind. Ein Gedankenblitz! So könnte es gehen!

Was passiert beim Lernen in unserem Gehirn? Dieser Gedankenblitz geht einher mit einer Dopaminausschüttung, die als lustvoll erlebt wird. Dadurch wird eine Kaskade in Gang gesetzt, die ein neues Erregungsmuster bahnt. Dieses kann zukünftig immer leichter aktiviert werden. Der neu gelernte Lösungsweg wird Bestandteil des Wissens. Das heißt, dass auch Lernen durchaus ein probates Mittel sein kann, um kognitive Dissonanz zu reduzieren. Doch wann wird einfach nur reduziert und wann kommt es tatsächlich zu einem Lernprozess?

Lernen fällt leichter, wenn

• die Notwendigkeit zur Veränderung spürbar ist (Inkonsistenzspannung): Irgend etwas funktioniert nicht mehr so wie es soll. Das lässt sich auch nicht wegdiskutieren.

· die Veränderung für einen eine Herausforderung darstellt, der man sich stellen möchte (Annäherungsziel, siehe dazu auch Seite 70): Wo könnte denn die Reise hingehen? Gibt es eine spannende Vision, der ich folgen kann? Was wäre hinterher für mich anders?

• die Richtung zur Veränderung mit den eigenen Bedürfnissen übereinstimmt (motivationales Priming): Ja, das passt zu mir. Und ich habe gerade jetzt auch die nötige Motivation dazu. Was kann ich dazu beitragen?

Tipp für Führungskräfte

Wenn Menschen keine Inkonsistenzen mögen und bestrebt sind, diese zu reduzieren, hat das zwei wesentliche Auswirkungen:

• Menschen nehmen bevorzugt die Dinge wahr, die zu ihren Einstellungen passen. Es kann also eine Weile dauern, bis der Mitarbeiter den nötigen Druck verspürt, die eigene Kompetenz zu überprüfen und zu erweitern.

• Wenn man die Einstellungen von Menschen ändern möchte, belohnt man eine gewünschte Verhaltensweise, die der ursprünglichen Einstellung widerspricht, besser mit kleinen Belohnungen als mit großen Belohnungen. Weniger bringt hier also mehr! Ansonsten ändert sich nämlich nicht die Einstellung, sondern der Mitarbeiter funktioniert nur durch die Belohnung so wie er soll. Mit Lernen oder Motivation hat das aber nichts zu tun.

Als Führungskraft kann man Lernprozesse unterstützen, indem man ein geeignetes »Lernklima« für jeden Einzelnen schafft. Krisenbewusstsein, ein faszinierendes Ziel und eine individuelle Nutzenargumentation schaffen schnell die Basis auch für umfangreiche Veränderungsprozesse.

---

10 Führungsaufgabe Lernprozesse initiieren

Kam man früher in der Regel mit einer Berufsausbildung zurecht und konnte den gelernten Beruf bis zur Rente ausführen, heißt es heute, sich jederzeit neu zu erfinden und permanent lernfähig zu sein. Denn die Halbwertzeit von Wissen sinkt. In der IT-Branche liegt sie bei wenigen Jahren. Und was für den einzelnen Menschen gilt, gilt auch für die Unternehmen. Es gibt heutzutage nicht viele Firmen, die auf eine langjährige Geschichte zurückblicken können. Nokia hat vor mehr als 100 Jahren mit Gummistiefeln begonnen und den Schwenk in Richtung Technologiekonzern geschafft. Es wird spannend, ob sie auch die nächste Herausforderung schaffen. Aber viele Unternehmen – auch Global player – blieben auf der Strecke: Digital Equipment Corporation DEC, Grundig, die Mannesmann AG, Kodak – um nur einige zu nennen. Der eine oder andere Markenname hat die Zeit überlebt und immer noch einen guten Klang. Von den Unternehmen selbst ist jedoch nicht mehr viel übrig geblieben.

Als Führungskraft ist es notwendig, sich mit der Endlichkeit des Seins auseinanderzusetzen. Der Erfolg von heute ist möglicherweise das Problem von morgen. Auch Führungskräfte geraten schnell in Erfolgstrance und entwickeln einen tiefen Glauben an die eigene Unfehlbarkeit. Dabei waren oft nur positive Marktentwicklungen im Spiel. Denn in guten Zeiten ist jede Führungskraft erfolgreich. Erst in der Krise zeigt sich, wer wirklich etwas auf dem Kasten hat.

Ihr Job ist es also, Ihr Unternehmen, Ihre Abteilung im Lernen zu unterstützen und eine lernende Organisation zu bilden. Peter Senge[15] hat in seinem Buch »Die fünfte Disziplin« fünf Faktoren benannt, die ein Unternehmen zu einer lernenden Organisation wachsen lassen:

• Persönlichkeitsentwicklung der einzelnen Individuen, vor allem der Führungskraft. Die Entwicklung methodischer, sozialer und persönlicher Kompetenzen gehört ebenso dazu, wie die Optimierung der fachlichen Kompetenzen. Es gilt, die Fähigkeiten zu entwickeln, sich selbst und die eigenen Wahrnehmungen infrage zu stellen und konstruktiv mit Kritik umgehen zu können. Kritik wird weniger als Urteil verstanden, sondern vielmehr als Trigger für einen persönlichen

---

[15] Senge, Peter: »Die fünfte Disziplin: Kunst und Praxis der lernenden Organisation«. 11. Auflage. Schäffer-Poeschel 2011.

Coachingprozess. Die Inkonsistenz zwischen Selbstbild und Fremdbild kann ein starker Initiator für Lernen sein.

- Mentale Modelle – die Autobahnen in unserem Gehirn. Wir alle leben mit unseren Schubladen, unserem persönlchen Wertesystem: »Das ist so.« – »Das macht man doch nicht!« Dahinter stecken implizite Vorannahmen und Stereotype – eben mentale Modelle unserer Welt. Der Lernprozess beginnt, wenn man sich diese bewusst macht, sie kritisch hinterfragt, gemeinsam diskutiert und weiterentwickelt. Auch Unternehmen haben mentale Modelle oder sogenannte »heilige Kühe«, die nicht geschlachtet werden dürfen: »Nein, das ist das Lieblingsthema von Herrn Dr. Schulte. Das brauchen Sie erst gar nicht zu versuchen!« – »Unsere Vertreter hatten immer Firmenwagen. Das wird einen Aufschrei geben.« – »Unser Unternehmen hat immer Metall verarbeitet. Darin steckt ein Großteil unserer Kompetenz. Warum sollen wir das outsourcen?« Auch diese mentalen Modelle gilt es aufzudecken und immer wieder kritisch zu hinterfragen.

- Vision. Einer der wichtigsten Motivatoren für eine zufriedenstellende Tätigkeit, für intrinsische Motivation, ist eine gemeinsame Vision. Sie stiftet Sinn, definiert die zugrunde liegenden Haltungen und Werte und fungiert so als Identifikations- und attraktives Annäherungsziel. Gerade in Zeiten unklarer Entwicklungen und hoher Unsicherheit kann sie als Kompass dienen und das Engagement der Menschen erhalten. Fördern Sie eine Entdeckerhaltung!

- Team-Lernen. Organisationales Lernen findet nicht im stillen Kämmerlein statt. Der gemeinsame Austausch, dialogorientierte Arbeitsstrukturen und eine offene Fehlerkultur sind notwendig, um gemeinsame Lernprozesse zu initiieren. Denn – was viele vergessen – aus Fehlern lernt man mehr als aus Erfolgen! Auch kann es notwendig sein, sich von »heiligen Kühen« zu trennen, Prozesse komplett zu hinterfragen und Paradigmenwechsel einzuleiten, sich gegenseitig herauszufordern, um auch neue Prozessansätze kritisch zu hinterfragen und gemeinsam zu verbessern. Ein Team kann eine andere Zugkraft entwickeln als ein Einzelkämpfer.

- System-Denken. In jeder Organisation gibt es zahlreiche Verknüpfungen und Verbindungen, gewachsene Strukturen, implizite und explizite Regeln. (Für viele Berufseinsteiger liegt der erste Praxisschock darin, dass sie erkennen müssen, dass der gesunde Menschenverstand in vielen Unternehmen keine Rolle spielt oder unter »ferner liefen« läuft.) Diese Zusammenhänge zu erkennen, Wechselwirkungen bewusst zu machen und zu berücksichtigen, fördernde und hemmende Faktoren wie Zielkonflikte im Unternehmen zu identifizieren und dieses Wissen zu nutzen – das ist System-Denken. Systeme können sich nur sehr schwer aus sich selbst heraus verändern und sind sehr stabil. Deshalb wirken Unternehmen oft so träge wie ein schwerer Tanker – es dauert, bis sie ihre Richtung ändern oder abbremsen können. Deshalb ist es notwendig, prozessorientiert und zukunftsgerichtet zu denken und zu handeln. Und die einzelnen Prozessschritte immer wieder zu reflektieren. Denn es besteht immer die Gefahr, dass die Therapie schlimmer als die Krankheit ist.

Diese Faktoren erhöhen die Komplexität der Aufgaben und Entscheidungen nicht unerheblich, und viele Führungskräfte scheuen sich deshalb davor, in ihren Abteilungen oder Unternehmen eine solche Lern-Kultur einzuführen. Und manche Führungskraft ist auch schlichtweg intellektuell überfordert. Langfristig lohnt sich aber das Engagement in eine lernende Organisation für alle Beteiligten: Das Kompetenzniveau steigt, die Zusammenarbeit verbessert sich, und die intrinsische Motivation nimmt zu. Und nicht zuletzt gewinnt das Unternehmen an Krisenfestigkeit. Das ist ein Akt der Zukunftssicherung.

Literaturempfehlung zur Vertiefung des Themas
• Senge, Peter M.: »Die fünfte Disziplin: Kunst und Praxis der lernenden Organisation«. Schäffer-Poeschel, 2011

Selbstreflexion und Forschungsfragen

Wie ist das Lernklima in meiner Abteilung? Woran erkenne ich das?

_____

_____

Wie gehe ich mit Fehlern um? Bei mir? Bei meinen Mitarbeitern?

_____

_____

Wie kann ich die Notwendigkeit für Lernprozesse verdeutlichen,
ohne Angst und Blockaden zu erzeugen?

_____

_____

Wie könnten gemeinsame Strukturen des Lernens
und der Wissensweitergabe aussehen?

_____

_____

Welche Möglichkeiten der individuellen Persönlichkeitsentwicklung
kann ich anbieten und unterstützen?

_____

_____

Woran erkenne ich, dass die Qualität unserer Lernprozesse steigt?

_____

_____

11   Vorsicht: Leistungsbeurteilung

Den jährlichen Leistungsbeurteilungen sehen viele Führungskräfte mit großen Vorbehalten entgegen. Es ist schwierig, gerecht zu beurteilen. Man möchte auch niemanden vor den Kopf stoßen. Manche Führungskräfte umgehen das Problem, indem sie entweder komplett auf Beurteilungen verzichten oder allen Mitarbeitern die Höchstpunktzahl geben, damit die Mitarbeiter ihre – wenn auch unverdienten – Leistungsprämien bekommen, sich aber ansonsten ruhig verhalten. Klar ist, dass man so auf einen wesentlichen Bereich der Führungsarbeit verzichtet. Aber in der Tat ist eine »objektive« Beurteilung schwierig. Und hier liegt wohl auch der Grund für den Widerstand.

11.1   Warum Beurteilungen häufig falsch sind

Man könnte davon ausgehen, dass es reicht, sich den Menschen mit seinen Wahrnehmungsmustern, seiner Erfahrungswelt und seinen Bedürfnissen anzusehen – und schon weiß man, wie er tickt. Doch so einfach ist es nicht. Es gibt auch äußere Faktoren, die bei Handlungen eine Rolle spielen. So sind wir beispielsweise »Rudeltiere«. Im sozialen Verbund reagiert man häufig völlig anders, als wenn man allein ist. Auch die Situation selbst hat Einfluss: Wetter, das Umfeld, das aktuelle Geschehen. Menschliches Verhalten wird also von verschiedenen Faktoren determiniert und ist hochkomplex.

Welchen Einfluss hat das auf die Beurteilung von Menschen? Für die meisten von uns ist es selbstverständlich, dass man nur beobachten muss, wie sich ein Mensch verhält, und schon weiß man, wie er ist. Sätze wie »Sage mir, was du isst und ich sage dir, wer du bist« oder »Sage mir, was du fährst, und ich sage dir, wie du bist« hat sicher jeder schon einmal gehört. Natürlich ist uns klar, dass durchaus auch die aktuelle Situation, in der man sich befindet, wichtig sein kann, aber diese wird bei der Bewertung des Verhaltens anderer Menschen gerne ignoriert. »Der ist so!«

Bei uns selbst urteilen wir wesentlich differenzierter. Unser Verhalten in einer konkreten Situation hat in unseren Augen meist nur ganz wenig mit unserer Persönlichkeit zu tun, sondern ergibt sich aus den äußeren Faktoren. Und wehe, jemand wagt es, uns in die Schublade des Chaoten zu stecken, nur weil beispielsweise der Schreibtisch so selten aufgeräumt ist. Wir handeln so, weil es die Situation so erfordert. Merkwürdig, nicht wahr? Das nennt man den fundamentalen Attributionsfehler.

Experiment zur Sache (Jones & Harris, 1967[16])

Versuchspersonen sollten einen Redner beurteilen, der entweder für oder gegen die Politik von Fidel Castro plädierte. In den späten 1960er-Jahren war das in den USA ein echtes Reizthema. Den Versuchspersonen wurde entweder mitgeteilt, dass die Position Pro oder Contra vom Sprecher selbst gewählt worden sei oder diese ihm durch eine andere Person zugeteilt worden war. Trotz der Information, dass der Redner seine Position nicht frei wählen konnte, behaupteten die Versuchspersonen, dass er doch zu einem gewissen Grad seine eigene Meinung vertrat. (Im Sinne von: Der hat das so überzeugend vertreten. Das hätte der nie gekonnt, wenn er nicht selbst auch daran geglaubt hätte.)

Der fundamentale Attributionsfehler ist so fest verankert, dass Menschen kaum in der Lage sind, gegenzusteuern.

11.2 Erfolgs- und Misserfolgsattribution

Spricht man mit Mitarbeitern über ihre Leistung, kann man feststellen, dass sie teils recht unterschiedlich über die Ursachen ihres Erfolgs sprechen. Denn bei der persönlichen Einschätzung gibt es eine Ausnahme, was den gespürten Einfluss der Situation angeht: Haben wir etwas sehr erfolgreich gemeistert, wird der eigene Erfolg oft durch innere Faktoren wie Begabung, Talent oder besondere Persönlichkeitsmerkmale etc. erklärt, während der eigene Misserfolg externen Faktoren wie Pech, der konkreten Situation, anderen Menschen oder Ähnlichem zugeschrieben wird. Vielleicht nutzen Sie ja selbst die Ausreden wie »Der Ball war schuld!«, »Das muss am Wetter liegen!« oder »Das war Schicksal!«

Ein möglicher Grund dafür liegt in der erwarteten Selbstwirksamkeit. Wir erwarten, dass wir zu einem bestimmten Teil Kontrolle über unsere Welt ausüben können. Bei Menschen, die zu Depressionen neigen, gibt es oft ein umgekehrtes Zuschreibungsmuster. Misserfolge werden auf eigenes Versagen zurückgeführt und Erfolge eher dem Zufall zuge-

---

[16] Jones, E. E. & Harris, V. A. (1967): »The attribution of attitudes«. Journal of Experimental Social Psychology, 3, 1–24

schrieben. Erkennen Sie dieses Muster bei einem Ihrer Mitarbeiter? Hier können Sie unterstützend wirken, indem Sie seine besonderen Leistungen hervorheben und würdigen. So kann das Bewusstsein der eigenen Selbstwirksamkeit beim Mitarbeiter erhöht werden.

11.3 Schubladen sind stabil!

»Herr Meyer ist unser Querulant!« – Hat man sich erst einmal ein Bild gemacht von einer anderen Person, dann hält man in der Regel auch daran fest. Selbst wenn es gute Argumente dagegen gibt. Hier sieht man wieder den Effekt, dass das Gehirn auf Stabilität ausgerichtet ist. Widersprüchliche Informationen werden ausgeblendet, passende Informationen höher gewichtet. Es braucht nicht viel, um an stabile Überzeugungen zu gelangen, wie einzelne Menschen ticken. Es reichen oft schon wenige Informationen oder ein starker erster Eindruck. Und es bedarf sehr vieler Gegenbeweise, um jemanden dazu zu bringen, seine Überzeugung zu verändern.

Experiment zur Sache (Ross & Anderson, 1982[17])

Versuchspersonen erhielten falsche Informationen, auf deren Basis sie eine Entscheidung fällen sollten. Anschließend sollten die Versuchspersonen erklären, warum ihre Überzeugung wohl richtig ist.

Obwohl man den Versuchspersonen anschließend mitteilte, dass die Informationen falsch waren, hielten 75 Prozent an ihrer ursprünglichen Überzeugung fest und fanden Gründe, warum diese doch zutreffend sein kann.

Dieser Sachverhalt wird als Bestätigungsfehler oder confirmation bias bezeichnet.

---

[17] Ross, L., & Anderson, C. A. (1982): »Shortcomings in the attribution process: On the origins and maintenance of erroneous social assessments«. In: D. Kahneman, P. Slovic, & A. Tversky: »Judgment under uncertainty: Heuristics and biases« (pp. 129–152). Cambridge University Press.

Normalerweise nehmen Menschen, wenn sie einmal zu einer Überzeugung gelangt sind, nur noch die Informationen auf, die mit ihrer Sichtweise in Einklang stehen. Auch werden Ereignisse und Informationen so interpretiert, dass die eigene Sichtweise unterstützt wird.

Wenn man sich also in den Kopf gesetzt hat, dass der Mitarbeiter Schwertfeger eigentlich völlig überfordert ist und die elementarsten Aufgaben nicht selbstständig beherrscht, dann kann die erfolgreiche Bearbeitung eines wichtigen Kundenprozesses dieses Bild nicht wirklich trüben. »Ein blindes Huhn findet schließlich auch mal ein Korn!«

❗ Wer die Mitarbeiter nicht aus den Schubladen herausholt, hat keine Chance auf eine »objektive« Leistungsbeurteilung. Trennen Sie die Sache von der Person – lösen Sie die Wahrnehmung vom Mitarbeiter.

Ein weiteres erwähnenswertes Phänomen ist, dass man selbst den eigenen Anteil an einer Leistung deutlich überschätzt und den Anteil der Mitstreiter unterschätzt. Davor sind auch Führungskräfte nicht gefeit. Vielleicht sind sie sogar besonders anfällig dafür, denn einerseits muss man schließlich den eigenen Rollenerwartungen entsprechen und das Selbstbild bedienen, andererseits gibt es kaum einen, der da widerspricht. Manchmal ist es jedoch auch notwendig, die unterschiedlichen Anteile an einer Leistung zu erkennen. Wenn Sie sich ein Bild über die Leistungsanteile in einer Gruppe machen wollen, sollten Sie nicht mit den einzelnen Personen sprechen, sondern in der Gruppe. Denn im gemeinsamen Gespräch wird die Einschätzung der Eigenanteile deutlich realistischer.

Tipp für Führungskräfte

Die Wirkprinzipien unserer Wahrnehmung und Realitätskonstruktion gelten also auch bei der Leistungsbeurteilung. Wir packen Mitarbeiter in Schubladen, aus denen wir sie in der Regel auch nicht mehr herauslassen und nehmen dann nur noch bestätigende Informationen wahr. Deshalb kann beispielsweise der Auszubildende im eigenen Betrieb nur schwer Karriere machen. Und auch der Rollenwechsel vom Kollegen zur Führungskraft ist oft schwierig. Was kann man dagegen tun? Die eigenen Bewertungsmuster immer wieder kritisch hinterfragen und Leistungsbeurteilungen anhand objektiver verhaltensorientierter Kriterien, die beobachtbar sind, durchführen.

12 Führungsaufgabe Leistungsbeurteilung und Personalauswahl

Bei kaum einer Führungsaufgabe wird das Thema Macht so deutlich, wie bei der Leistungsbeurteilung. Einer beurteilt, einer wird beurteilt. Und der reagiert darauf nicht selten mit Misstrauen. In vielen Unternehmen fungieren Leistungsbeurteilungen wie ein Schulnotensystem. Damit wird das Machtgefälle noch einmal deutlich zementiert und der Subjektivität, dem Bauchgefühl, Tür und Tor geöffnet. So kann es passieren, dass ein sehr guter Mitarbeiter, der bisher immer ausgezeichnete Beurteilungen erhalten hat, plötzlich nach einem Führungswechsel zwei Punkte abfällt, denn »Was dem einen sin Uhl, ist dem anderen sin Nachtigall.« Ist der Mitarbeiter nun aufgerufen, sein Verhalten zu ändern, um dem Vorgesetzten zu gefallen? Kein Wunder, dass manche Beurteilungen die Mitarbeiter und den Betriebsrat auf die Barrikaden treiben. Bei einer Leistungsbeurteilung geht es nicht um persönliche Vorlieben, sondern um objektive Leistungskriterien. Und hier wird es schon mal schwierig. Denn jeder Job erfordert eigene objektive Kriterien, die sich aus der Funktion und den Stellenzielen ableiten lassen. Da schlägt oft die Bequemlichkeit zu: Wer soll das denn leisten, für jeden Job die Kriterien zu entwickeln? Doch hierfür gibt es eine relativ einfache Lösung: Am besten lässt man das die Menschen tun, die das am besten können – die Jobinhaber. Das geht am schnellsten und ist valide. Der Mitarbeiter weiß in der Regel, wofür er bezahlt wird. Und sollten doch Zweifel existieren, dann ist es eine wesentliche Führungsaufgabe, hier für Klarheit zu sorgen. Aus den Kriterien lassen sich in der Regel Leistungsstufen ableiten. Diese Leistungsstufen sind keine Bewertungsstufen wie »gut« oder »schlecht«, sondern quantitative und qualitative, beobachtbare Verhaltensbeschreibungen in verschiedenen Ausprägungen. Daraus ergibt sich eine nachvollziehbare, anhand von konkreten Beispielen belegbare, Einordnung. Die normale 100 Prozent-Leistung befindet sich im mittleren Bereich der Skala. So ist Luft nach oben und nach unten.

Will man sicherstellen, dass man Leistung tatsächlich fair und gerecht beurteilt, sollte man sein eigenes Reflexionsvermögen deutlich trainieren.

• Welches Verhalten zeigte der Mitarbeiter?

- In welcher Situation und in welchem Kontext stand er zu diesem Zeitpunkt?
- Wie würde ich das Verhalten beurteilen, wenn ich es selbst gezeigt hätte?
- Wie würde ich das Verhalten beurteilen, wenn es ein anderer Mitarbeiter gezeigt hätte?
- Welche Anteile hatten andere an der Situation? Welche Anteile hatte ich?
- Wie beurteilt der Mitarbeiter sein Verhalten?
- Welche Dinge übersehe ich möglicherweise?
- Sehen andere die Dinge ähnlich wie ich?

Besonders unter Zeitdruck neigen Menschen dazu, den fundamentalen Attributionsfehler zu begehen. Nehmen Sie sich also genügend Zeit! Ein Beobachtungsprozess ist nichts, was man drei Tage vor dem Gespräch beginnt. Es ist unwahrscheinlich, dass Ihr Erinnerungsvermögen so gut trainiert ist. Hier entstehen oft typische Beobachtungsfehler: Wichtige Ereignisse werden überrepräsentiert (»der verlorene Kunde im vorletzten Quartal«), dominante Eigenschaften oder Kompetenzen des Mitarbeiters überstrahlen alles andere (»der einzige, der sich mit SAP auskennt!«), die letzten Tage werden überproportional berücksichtigt (»gerade gestern gab es da eine Beschwerde«) oder Gefühle beeinflussen das Bild (»ich kann mich nicht mehr so recht an das letzte Halbjahr erinnern, aber ich finde, er ist ein guter Typ, der die Lage im Griff hat«). Machen Sie sich also regelmäßig Notizen über die Leistungen der einzelnen Mitarbeiter, notieren Sie sich besondere Ereignisse, aber auch das Tagesgeschäft. Und achten Sie darauf, dass Ihre Notizen vertraulich sind und nicht einsehbar aufbewahrt werden.

❗ Man sollte sein Gedächtnis nicht überschätzen. Was Sie nicht sofort notieren, fällt Ihnen in einem halben Jahr nicht mehr ein. Leistungsbeurteilung ist eine Führungsaufgabe, die Ihre Aufmerksamkeit das ganze Jahr über bindet.

Auch bei der Personalauswahl wird oft aus dem Bauch heraus entschieden. Und damit wirken die gleichen Kräfte, die uns auch die Leistungsbeurteilung erschweren.

Bevorzugt werden Menschen eingestellt, die

- uns sympathisch sind. Wenn man im Gespräch merkt, dass man auf einer Wellenlänge liegt, erleichtert das natürlich die Kommunikation. Hier wirkt der Effekt der Ähnlichkeit. Mit Qualität hat das meist weniger zu tun.

- attraktiv sind. Attraktive Menschen werden oft als sympathischer, glaubwürdiger und intelligenter eingeschätzt.

Unser Gehirn ist so darauf eingestellt, Informationen effizient zu verarbeiten, dass selbst Vornamen als Indikator für bestimmte Persönlichkeitsmerkmale genutzt werden. Da wird schon mal eine Lena für intelligenter gehalten als eine Mandy und ein Alexander für klüger eingeschätzt als ein Kevin. So wie es sinnvoll ist, für die Leistungsbeurteilung objektive, beobachtbare Kriterien zu haben, so notwendig ist es bei der Personalauswahl, eine klare Funktionsbeschreibung mit den Kernaufgaben und ein entsprechendes Anforderungsprofil zu haben, bevor man die ersten Gespräche führt. Überlegen Sie sich, welche Fragen Sie sinnvollerweise stellen sollten und wie die Antworten ausfallen können. Besonders hilfreich sind sogenannte »critical incidents«. Bei dieser Technik geht es darum, das Verhalten von Menschen in bestimmten Situationen kennenzulernen. Man entwickelt dazu typische und kritische Situationen, die im Rahmen der Position vorstellbar sind, und beschreibt mögliche Reaktionsmuster. Diese werden hinsichtlich der Qualität und Angemessenheit bewertet. Legt man dem Bewerber beim Interview die Situationsbeschreibung vor, kann er sich überlegen, wie er reagieren würde und sein Verhalten in der Situation schildern. So erhält man einen Einblick in die Verhaltensmuster des Bewerbers. Daraus kann man recht gute Voraussagen treffen, ob der Mensch zum Job passt. Allerdings muss eins gesagt werden: Wenn Ihr Bauchgefühl deutlich »Nein« sagt, dann lassen Sie es mit der Einstellung. Denn die Wahrscheinlichkeit, dass Sie mit Ihrer Haltung eine sich selbst erfüllende Prophezeiung des Scheiterns in Gang setzen, ist groß. Und das sollten Sie dem Bewerber ersparen.

Literaturempfehlung zur Vertiefung des Themas
- Lohaus, Daniela: »Leistungsbeurteilung. Praxis der Personalpsychologie.« Hogreve, 2008

Selbstreflexion und Forschungsfragen

Bei der Leistungsbeurteilung:

Wie funktioniert in meiner Abteilung die Leistungsbeurteilung?

_____

_____

Welche Erfahrungen habe ich mit dieser Form gemacht?

_____

_____

Wie bereite ich mich auf das Leistungsbeurteilungsgespräch vor?

_____

_____

Was kann ich tun, um die Prozessqualität meiner Leistungsbeurteilung zu verbessern?

_____

_____

Wann will ich damit beginnen?

_____

_____

Woran erkenne ich, dass die Qualität meiner Leistungsbeurteilungen steigt?

_____

_____

Bei der Personalauswahl:

Wie gehe ich hier üblicherweise vor?

_____

_____

Wie bereite ich mich auf den Bewerber vor?

_____

_____

Welche Erfahrungen habe ich in der Vergangenheit damit gemacht?

_____

_____

Was kann ich tun, um den Prozess zu optimieren?

_____

_____

Wann will ich damit beginnen?

Woran erkenne ich, dass die Qualität meiner Personalauswahl steigt?

13 Was treibt uns an? Über innere Bedürfnisse und Motive

Können Führungskräfte motivieren? Glaubt man Autoren wie Reinhold Sprenger,[18] ist das kaum möglich. Aber sie können demotivieren, und Demotivation erfolgt vor allen Dingen dann, wenn elementare Bedürfnisse von Menschen gestört werden.

❗ Wenn es um Demotivation im Unternehmen geht, ist die Führungskraft der Hauptfaktor.

Nun gibt es zahlreiche Theorien, was denn nun die elementaren Bedürfnisse von Menschen sind. Lassen Sie uns hier ein wenig genauer hinschauen, denn heute gehen moderne Persönlichkeitstheorien davon aus, dass die Motivstrukturen des Menschen wesentlich aussagekräftiger sind, was zukünftiges Verhalten angeht, als überdauernde Persönlichkeitseigenschaften.

Die Erforschung psychischer Motivstrukturen ist ein breites Betätigungsfeld – in kaum einem anderen Bereich wurde so intensiv geforscht. Denn die Frage, welche Grundbedürfnisse erfüllt sein müssen, damit es uns gut geht, ist immer auch eine sehr persönliche. Es gibt viele Indikatoren dafür, dass eine dauerhafte Verletzung der Grundbedürfnisse zu ernsthaften psychischen Defekten führen kann. Letztendlich handelt es sich bei allen Motivationstheorien und Forschungsergebnissen um empirische Annahmen, nicht um gesichertes Wissen. Man hat also die Qual der Wahl, mit welcher Theorie wir uns in diesem Kontext auseinandersetzen. Ebenso einfach wie praktikabel scheint zunächst einmal die »Cognitive-Experiential Self Theory (CEST)« von Seymour Epstein[19] zu sein, die sich gut mit neurobiologischen Forschungsergebnissen kombinieren lässt und ein Schlaglicht darauf wirft, wie Menschen ticken.

Epstein unterscheidet vier Grundbedürfnisse:

• ein Bedürfnis nach Lust

• ein Bedürfnis nach Bindung

---

[18] Sprenger, Reinhold: »Mythos Motivation«. Campus Verlag, 2010

[19] Epstein, Seymour: »Cognitive-experiential self-theory«. In L. A. Pervin (ED.), »Handbook of personality: Theory and research«. (pp. 165–192). New York: Guilford

• ein Bedürfnis nach Orientierung, Kontrolle und Kohärenz

• ein Bedürfnis nach Selbstwerterhöhung

Wenn man sich mit der Entstehung von Bedürfnissen beschäftigt, muss man zwangsläufig einen Blick in die Vergangenheit des Menschen, seine Kindheit richten, um zu verstehen, wie komplex die Bildung des Selbst verläuft. Sie erfahren also bei dieser Gelegenheit auch gleich einiges über Kindererziehung und können möglicherweise auch eigene Erfahrungen reflektieren.

13.1 Das Bedürfnis nach Lustgewinn und Unlustvermeidung

Dieses Motiv ist relativ schlicht. Lustgewinn bedeutet: Positive Gefühle werden aufgesucht. Unlustvermeidung heißt: Negative Gefühle werden möglichst vermieden. Dementsprechend erfolgt in unserem Gehirn eine grundlegende Bewertung auf der Skala gut bis schlecht. Dies ist keine kognitive Leistung, sondern erfolgt unbewusst. Das Gefühl ist ja da deutlich schneller als das bewusste Denken. Bei der Bewertung spielen Vorerfahrungen und Kontext ebenso eine Rolle wie rein objektive Gegebenheiten.

Dies erklärt beispielsweise auch, warum sich der Geschmack von Kindheit zu Jugend und Adoleszenz so verändert. Objektiv schmeckt Alkohol möglicherweise tatsächlich nicht, aber der Genuss ist verknüpft mit sozialer Anerkennung, einem bestimmten angestrebten Image oder einem situativen Kontext (Fete, Party) – und dann schmeckt er eben doch!

Auch Sportler kennen durchaus den Punkt, wo es eben doch keinen Spaß mehr macht, weiter zu laufen. Und sie laufen trotzdem (Verzicht auf Unlustvermeidung), um ihr Ziel, dass sie sich vorgenommen haben, zu erreichen (Annäherungsziel – Lustgewinn). Hier spielt das Konzept des Belohnungsaufschubs eine Rolle. Damit ist gemeint, dass man durchaus in der Lage ist, seinen inneren Schweinehund zu beherrschen, wenn in der Ferne ein verheißungsvolles Ziel lockt: auf Schokolade zu verzichten, um in vier Wochen wieder in den Badeanzug zu passen, das Wochenende mit Lernen zu verbringen anstatt zu faulenzen, um bei der Prüfung gut abzuschneiden. Die meisten Menschen können also ihr Lustbedürfnis recht gut aussteuern.

Alle Erfahrungswerte zeigen, dass psychische Prozesse leichter und schneller ablaufen, wenn die Bewertung »gut – schlecht« mit der Verhaltensausrichtung »Annäherung – Vermeidung« zusammenpasst. Wenn also das Vermeidungssystem aktiviert ist, richten sich alle psychischen Aktivitäten vermeidend aus und negative Bewertungen werden gefördert. Dem gegenüber stehen bei Aktivierung des Annäherungssystems eher Hinwendungsbewegungen und positive Emotionen. Dies ist eine grundlegende Erkenntnis für den Führungsprozess. In vielen Mitarbeitergesprächen geht es um Themen, die der Mitarbeiter als belastend und konflikthaft erlebt: das Scheitern im Projekt, die Minderleistung, Unpünktlichkeit, Mehrarbeit ... Die Forschungsergebnisse legen nahe, dass es dabei zu einem emotionalen Priming im Vermeidungssystem kommt. Das ist normalerweise wenig zielführend. Stattdessen ist es sinnvoll, über das »stattdessen« zu reden, also die Blickrichtung des Mitarbeiters vom Vermeiden auf das Annähern zu richten. Wenn man sich vorstellt, dass Vermeidung und Annäherung als Pole auf einer zweiseitigen Skala mit einem neutralen Mittelpunkt angeordnet sind, liegt man falsch. Neurologische Untersuchungen legen nahe, dass es sich um zwei getrennte Motivationssysteme handelt, angesiedelt im linken und rechten präfrontalen Cortex. Diese beiden Systeme können interagieren und sich wechselseitig hemmen, sie können aber auch völlig unabhängig voneinander aktiviert werden. Forschungen an Depressiven zeigten, dass sie wesentlich mehr synaptische Aktivitäten im rechten PFC, sprich im Vermeidungsbereich aufweisen als im linken PFC. Die synaptischen Bahnungen finden bereits im frühen Stadium des Säuglingsalters statt und es gibt Indikatoren dafür, dass eine Disposition bereits genetisch verankert ist. Daraus entwickelt sich ein recht stabiles Persönlichkeitsmerkmal. Dabei ist das Annäherungssystem hoch korreliert mit der Persönlichkeitseigenschaft Extraversion und das Vermeidungssystem die Grundlage des Faktors Neurotizismus (siehe Big Five, Seite 92). Wenn es um Persönlichkeitstheorien geht, werden uns diese beiden Eigenschaften noch einmal begegnen.

Tipp für Führungskräfte

Menschen möchten Spaß an ihrer Arbeit haben, erstrebenswerte Ziele und ein positives Arbeitsklima. Also eigentlich ganz normal! Und doch sinkt die Zufriedenheit mit dem Job seit 25 Jahren kontinuierlich, wie eine Studie des »Instituts Arbeit und Qualifikation (IAQ)« der Universität Duisburg-Essen (2011) zeigt. Dabei konnten die Teilnehmer ihre Jobzufriedenheit auf einer Skala von 1 (niedrig) bis 10 (hoch) angeben. Lag der Wert 1984 noch bei einem Durchschnitt von 7,6, so liegt er inzwischen (2009) bei 6,8. Interessant ist, dass 1984 die Berufstätigen über 50 Jahren die höchsten Zufriedenheitswerte angaben und heute die Gruppe mit den niedrigsten Werten stellt. Hier tut sich also etwas in der Führungs- und Firmenkultur, wenn auch die Durchschnittswerte insgesamt gar nicht schlecht sind.

Die Deutschen – so heißt es – neigen zum Pessimismus und es gibt sogar in den USA den Begriff der »German Angst« – also ein Zustand, den die US-Amerikaner (noch?) nicht kennen. Als Führungskraft können Sie durchaus dazu beitragen, gegenzusteuern. Denn die permanente Beschäftigung mit Problemen, Ängsten und Widerständen trägt dazu bei, das Vermeidungssystem zu verstärken. Also denken Sie positiv, bieten Sie attraktive Zielhorizonte, stärken Sie das Selbstwertgefühl und induzieren Sie positive sich selbst erfüllende Prophezeiungen. Eigentlich ganz einfach, oder?

13.2 Exkurs Annäherungs- und Vermeidungsziele: Hin zu oder weg von?

Wie oben bereits erwähnt, handelt es sich bei Annäherung – Vermeidung nicht um eine eindimensionale Ebene mit zwei Polen, sondern um zwei autonome Zieldimensionen (Carver und Scheier 1998),[20] wie die folgende Grafik veranschaulicht.

---

[20] Carver, C. S. & Scheier, M. F. (1998). »The self-regulation of behavior«. Hillsdale, NJ: Erlbaum

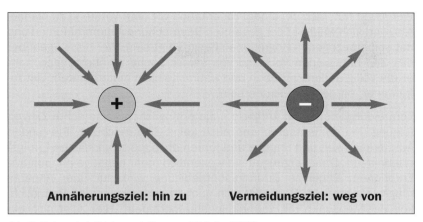

Abb. 5: Ziele und »Antiziele« nach Carver und Scheier (1998)

Bei Annäherungszielen ist leicht erkennbar, ob man seinem Ziel näher-kommt oder nicht. Die Annäherung an das Ziel ist üblicherweise mit po-sitiven Emotionen verbunden – hallo, Erfolgserlebnis! Der Weg zum Ziel ist planbar und lässt sich auch auf kleinere Unterziele herunterbrechen. Wenn die Führungskraft ihren Mitarbeiter coacht, ist es ein häufig vorkommender Prozess, den Mitarbeiter bei seiner Zielplanung in die-sem Sinne zu unterstützen. Durch das Erreichen der Zwischenziele gibt es spürbare Erfolgserlebnisse, und es werden weitere Ressourcen frei, sodass sich die Zielerreichung ein Stück verselbstständigt. Im kon-struktivistischen Verständnis führen die klare Zieldefinition und Auf-merksamkeitsfokussierung sowie das permanente Monitoring der Ziel-erreichung ja häufig schon dazu, dass sich die Realität in gewünschter Weise abbildet.

Bei Vermeidungszielen ist das anders. Hier ist nicht Annäherung das Ziel, sondern Nicht-Annäherung. Es bedarf also der konsequenten Kon-trolle und eines hohen Maßes an verteilter Aufmerksamkeit, denn man kann ja nie sicher sein, dass die Gefahr tatsächlich dauerhaft ab-gewehrt wurde. Man muss immer auf der Hut sein, darf sich nie ent-spannen. Wenn man beispielsweise vermeiden möchte, dass man die Aufmerksamkeit einer geliebten Person verliert, ist es gefährlich, sich zu intensiv mit etwas zu beschäftigen – einem Hobby, einem guten Buch. Ein Teil der Aufmerksamkeit muss immer bei der geliebten Per-son sein – was ist mit ihr? Geht es ihr gut? Liebt sie mich noch?

Wer Angst hat, sich bei einer Präsentation vor dem Vorstand zu blamieren, wird sich während der gesamten Besprechung gehemmt fühlen und mit selbstbezogenen Kognitionen beschäftigt sein. Wer demgegenüber das Ziel hat, seinen Vorstand von seiner Sache zu überzeugen, wird etwas völlig anderes erleben und wahrscheinlich hinterher sehr viel zufriedener mit dem Erreichten sein.

Vermeidungsziele sind Antiziele – sie ermöglichen keine echte Zielverfolgung und dementsprechend auch keine Zielerreichung. Sie binden Aufmerksamkeit und Energie und führen doch nie zu wirklichen Erfolgserlebnissen. Dabei erzeugen sie wesentlich mehr negative als positive Emotionen. Wirkliche Bedürfnisbefriedigung wird nur über Annäherungsziele erreicht. Das zeigt sich auch in der emotionalen Befindlichkeit der Menschen mit Vermeidungstemperament: Hier zeigt sich ein hoher Zusammenhang mit einem schlechteren Selbstwertgefühl und einer schlechteren psychischen Gesundheit.

Die Befriedigung des Grundbedürfnisses nach Lustgewinn und Unlustvermeidung funktioniert neurologisch über Dopaminausschüttung. Diese Ausschüttung des Neurotransmitters wird als sehr angenehm empfunden und ist somit der Ausgangspunkt für aktive Bahnungen im synaptischen Geschehen. Das führt zu einer Verstärkung des Verhaltensskriptes.

**❗ Annäherungsziele sind erstrebenswert, Vermeidungsziele
■ sollte man vermeiden!**

13.3 Das Bindungsbedürfnis

Dieses Bedürfnis – das Angewiesensein des Menschen auf nahe Bezugspersonen – ist das empirisch am besten gesicherte Bedürfnis. Bowlby (1969,[21] 1973,[22] 1975,[23] 1976,[24] 1983,[25] 1988[26]) errichtete mit seiner Bindungstheorie ein tragfähiges Theoriegebäude: Er postulierte

[21] Bowlby, J. (1969). »Attachment and loss«. Vol. 1: Attachment.
New York: Basic Books
[22] Bowlby, J. (1973). »Attachment and loss«. Vol. 2: Separation, Anxiety and Anger.
New York: Basic Books
[23] Bowlby, J. (1975): »Bindung«. Frankfurt: Fischer
[24] Bowlby, J. (1976): »Trennung«. Frankfurt: Fischer
[25] Bowlby, J. (1983): »Verlust, Trauer und Depression«. Frankfurt: Fischer
[26] Bowlby. J. (1988): »A secure base: Parent-child attachment and healthy human development«.
New York: Basic

als Erster explizit ein angeborenes Bedürfnis, die physische Nähe einer primären Bezugsperson – zum Beispiel der Mutter – zu suchen und aufrechtzuerhalten. »Wenn ein Individuum darauf vertraut, dass eine Bindungsfigur verfügbar ist, wann immer es das wünscht, dann neigt dieses Individuum weniger zu intensiver oder chronischer Furcht, als eine andere Person, die dieses Vertrauen aus irgendwelchen Gründen nicht besitzt.« (Bowlby, 1976).[27] Die Bindungserfahrungen des Kindes schlagen sich im impliziten Gedächtnis in Form von Wahrnehmungs-, Verhaltens-, emotionalen Reaktionsbereitschaften und motivationalen Bereitschaften nieder. Durch weitere Untersuchungen ließen sich vier Bindungsmuster beschreiben (Schmidt & Strauss, 1996 und 1997):[28]

• Kinder mit sicherem Bindungsverhalten: Die Kinder verhalten sich unruhig, wenn die Mutter abwesend ist. Kehrt sie zurück, wird direkt der Kontakt gesucht. Dieser Bindungsstil ermöglicht ein konfliktfreies Annäherungsschema zur Befriedung des Bindungsbedürfnisses. Hier wird Urvertrauen aufgebaut.

• Kinder mit unsicherer Bindung und vermeidendem Beziehungsverhalten: diese Kinder sind weniger unruhig, wenn sie von der Mutter getrennt sind. Kehrt die Mutter zurück, wird Nähe und Kontakt eher vermieden. Dieser Bindungsstil ist vermeidungsgeprägt. Der Mensch möchte Enttäuschungen aus dem Weg gehen und lässt sich nicht mehr auf Nähe ein. Dadurch lässt sich das Beziehungsbedürfnis kaum befriedigen.

• Kinder mit unsicherer Bindung und ambivalentem Beziehungsverhalten: Solche Kinder reagieren sehr verängstigt, wenn sie von der Mutter getrennt sind. Kehrt die Mutter zurück, zeigen sie wechselweise aggressive Ablehnung des Kontaktes (Strampeln) oder suchen die Nähe der Mutter bis hin zur Anhänglichkeit. Das Kind wechselt in seiner Furcht, Nähe zu verlieren, und der Angst vor dem Alleinsein.

• Kinder mit unsicherer Bindung und desorganisiert/desorientiertem Beziehungsverhalten: Diese Kinder reagieren mit bizarren und stereotypen Verhaltensweisen auf Trennung und Rückkehr, zum Beispiel suchen sie die Nähe, brechen den Kontakt aber ab, bevor es zur

---

[27] Bowlby, 1976, Seite 246
[28] Schmidt, S. & Strauss, B.: »Die Bindungstheorie und ihre Relevanz für die Psychotherapie. Teil 1: Grundlagen und Methoden der Bindungsforschung«. (1996) Psychotherapeut, 41, 139–150/ »Teil 2: Mögliche Implikationen der Bindungstheorie für die Psychotherapie und Psychosomatik«. (1997) Psychotherapeut, 42, 1–16

Berührung kommt. Dieses Beziehungsmuster tritt seltener auf und beruht auf einer schweren Verletzung des Bindungsbedürfnisses durch eine fehlende oder missbrauchende Beziehung zu einer primären Bezugsperson.

Dabei tritt die Prägung bereits früh auf und kann bereits nach zwölf Monaten nachgewiesen werden. Sie bleibt auch im Alter stabil, wenn keine gravierenden lebensgeschichtlichen Ursachen eine Veränderung des Bindungsstils ausmachen. Das heißt im Klartext: Bereits im ersten Lebensjahr wird das Kind durch den Beziehungsstil der primären Bezugsperson fürs Leben gezeichnet und wird später als Erwachsener mit ziemlicher Sicherheit den gleichen Beziehungsstil pflegen.

❗ Bereits im ersten Lebensjahr werden die Weichen gestellt, wie Menschen später mit Belastungssituationen umgehen und auf Führung reagieren.

Welche Ausprägungen hat nun der Bindungsstil auf die spätere Persönlichkeit? Sicher gebundene Kinder werden als sozial orientierter, beziehungsfähiger, empathischer und beliebter eingeschätzt als ungebundene. Sie sind robuster in psychischen Belastungssituationen – und dies nicht nur auf psychischer, sondern auf physiologischer Ebene. Das schafft einen Vorsprung fürs Leben. Unsicher-vermeidende Kinder wurden von ihren Lehrern als abhängig betrachtet (wie auch unsicher-ambivalente Kinder), konnten ihre Wünsche weniger zum Ausdruck bringen und hatten Schwierigkeiten, sich in Notlagen an den Lehrer zu wenden. Die Kinder wurden durch die Lehrer häufiger kontrolliert und diszipliniert. Da wiederholt sich ein ungutes Verhalten auch auf der Ebene Schüler – Lehrer. Möglicherweise ist das ein Lebensmuster, das sich auch in späteren hierarchischen Beziehungen spiegelt. Die Kinder reagierten oft verletzend und wenig einfühlsam, wenn sie ein anderes Kind in Schwierigkeiten sahen. Wenn man sie mit Spielpartnern zusammenbrachte, neigten unsicher-vermeidende Kinder dazu, diese auszunutzen, sie abzuwerten und sie zu schlagen. (Täter-Rolle). Unsicher-ambivalente Kinder hielten sich lieber in der Nähe des Lehrers auf. Sie warteten darauf, dass der Lehrer initiativ wurde. Die Lehrer waren ihnen gegenüber fürsorglicher und geduldiger, ließen ihnen mehr durchgehen und halfen öfter. Wenn andere Kinder sie drangsalierten, ließen sie sich das gefallen (Opfer-Rolle).

Diese Unterschiede in den Verhaltensweisen blieben durch alle Stufen des Heranwachsens bis zum Erwachsensein erhalten. Selbst wenn ein unsicheres Bindungsverhalten nicht zwangsläufig zu einer psychischen Störung führt, so kann man doch davon ausgehen, das die erlebten Verhaltensmuster Einfluss darauf haben, wie hoch die Stresstoleranz ist, wie man die eigenen Gefühle steuern kann und wie ausgeprägt das Selbstwertgefühl ist.

Tipp für Führungskräfte

Sie haben sicherlich auch schon bei Ihren Mitarbeitern die eine oder andere der oben beschriebenen Verhaltensweisen erleben können. Jetzt haben Sie eine Idee, wo mögliche Ursachen liegen können. Wobei die Kenntnis von Ursachen in der Regel leider nicht zur Lösung führt und davon abzuraten ist, den Mitarbeiter mit naivpsychologischen Diagnosen zu konfrontieren. Was sollten Sie als Führungskraft beachten? Dass Stresstoleranz sehr unterschiedlich ausgeprägt sein kann und auch, mit welchem Urvertrauen Mitarbeiter in Veränderungsprozesse gehen. Menschen mit einem starken Bindungsmotiv legen Wert auf gute Beziehungen, auf einen positiven Austausch von Gefühlen. Betriebsklima, Team- und Kommunikationskultur sind extrem wichtig und sind häufig die wesentlichen Motivatoren, um sich im Unternehmen zu engagieren. Auch die Angst vor Zurückweisung kann bei bindungsorientierten Menschen eine wichtige Rolle spielen. Als Führungskraft tut man also gut daran, gewachsene Beziehungen zwischen Teamkollegen nicht auf die leichte Schulter zu nehmen.

Wenn Sie den Eindruck haben, dass sich Mitarbeiter in Abhängigkeit von Ihnen sehen und besonders viel Wert auf Feedback und Anerkennung legen, mag es notwendig sein, den Mitarbeiter einerseits zu bestärken und Selbstvertrauen zu vermitteln, andererseits aber auch Grenzen zu setzen, wenn sich beispielsweise typische Opfer-Täter-Verhaltensweisen zeigen. Wer hier in die Schiedsrichterrolle schlüpft, hat bereits verloren.

13.4 Das Kontrollbedürfnis

Nach Epstein (1990)[29] ist das Kontrollbedürfnis das fundamentalste Motiv. Realität ist subjektiv, wie wir ja bereits in den ersten Kapiteln erfahren haben. Jeder Mensch entwickelt seine eigene Sicht der Wirklichkeit. Hier werden Wahrnehmungen und Vorstellungen integriert, angepasst und umgesetzt und bilden damit einen wesentlichen Baustein für das Selbst des Menschen. Wichtig in der Auseinandersetzung mit diesem Selbst sind die Ziele des Menschen. Habe ich meine Ziele erreicht oder nicht? Warum? Was hat gehindert? An diesen Fragen macht sich fest, welche Kontrolle der Mensch über seine persönliche Realität ausübt – welche negativen und positiven Kontrollerfahrungen er macht. Kontrolle hängt also eng mit zielorientierten Aktivitäten zusammen. Je nach Lebenserfahrung entwickelt der Mensch eine Grundüberzeugung, ob es sich lohnt, sich einzusetzen oder ob er sowieso keinen Einfluss auf die Dinge hat.

Diese Kontrollüberzeugung wird letztendlich auch durch den Bindungsstil der Hauptbezugsperson – meist der Mutter – geprägt. Reagiert sie schnell auf das Schreien ihres Kindes, wird sich beim Kind der Eindruck verfestigen, dass es seine Umwelt kontrollieren kann. Das Kontrollbedürfnis hängt also in der Entwicklung eng mit dem Bindungsbedürfnis zusammen, beide aktivieren jedoch unterschiedliche neuronale Schaltkreise.

Stimmen die realen Wahrnehmungen mit aktivierten Zielen, Erwartungen und Motiven überein, besteht Kongruenz. Kann der Mensch seine Ziele erreichen, hat er die vollständige Kontrolle über sein Leben und handelt in seinem psychischen Sinne konsistent. Allerdings ergeben sich nur bei der Erfüllung von Annäherungszielen echte Erfolgserlebnisse, denn hier erkennt er ein klares Ziel, auf dass es sich hinzuarbeiten lohnt. Ein Annäherungsziel kann im beruflichen Kontext die neue Position des Projektleiters sein, die Gehaltserhöhung, die Akzeptanz des Teams im Rahmen der Mitarbeiterbefragung. Vermeidungsziele sind anders gepolt: Ich will mich doch nicht vor der versammelten Mannschaft blamieren! Ich muss aufpassen, dass ich nicht zu viel arbeite! Letztendlich können sie nie vollständig erreicht werden, da ja immer die Gefahr besteht, dass die zu vermeidende Situation letztendlich doch eintritt.

---

[29] Epstein, S. (1990): »Cognitive-experiential self-theory«. In L. A. Pervin (ED.): »Handbook of personality: Theory and research«. (pp. 165–192). New York: Guilford

Die Verfolgung von Vermeidungszielen erfordert deshalb ein hohes Maß an permanenter Aufmerksamkeit.

❗■ Annäherungsziele sorgen für Erfolgserlebnisse und sind irgendwann auch einmal abgehakt. Vermeidungsziele binden dauerhaft Aufmerksamkeit und Energie, und können nie vollständig erreicht werden.

Unser Gehirn wünscht sich also – simpel ausgedrückt – Konsistenz und Kongruenz. Alles sollte stimmig sein, eindeutig sein, bitte keine Überraschungen! Inkongruenz an sich hat aber durchaus ihre Vorteile – wenn sie kontrollierbar bleibt. Denn Inkongruenz sorgt für Irritation, für erhöhte Aufmerksamkeit. Durch sie werden neue neuronale Strukturen angelegt. Sie ist somit der Motor der Lernens, unserer Entwicklung. Wenn sich ein Mensch immer komplexeren Herausforderungen stellt, dann entwickelt sich das Gehirn in immer komplexeren und differenzierteren Strukturen. Dementsprechend ist es falsch, Kinder von Stress fernzuhalten, da hier bereits in den ersten Lebensjahren wesentliche positive Kontrollerfahrungen fehlen. Diese positiven Kontrollerfahrungen führen dazu, dass sich Individuen schneller an neue Situationen anpassen, flexibler auf Veränderungen reagieren und neue Verhaltensweisen erlernen. Im Management von Veränderungsprozessen kann man gut die Unterschiedlichkeit beobachten, mit der Menschen auf Veränderungen reagieren. Man unterscheidet gerne zwischen Wandlern und Bewahrern. Möglicherweise ist es die positive Kontrollüberzeugung, die beide Typen voneinander trennt.

❗■ Wenn sich das Gehirn permanent in der Komfortzone befindet, wird es träge.

Hat der Mensch keine Möglichkeit seine Ziele zu erreichen, reagiert der Organismus mit unkontrolliertem Stress. Normalerweise kommt bei einer bestimmten Menge von ausgeschütteten Stresshormonen ein negativer Rückkopplungsprozess in Gang, der die weitere Ausschüttung von Stresshormonen aktiv hemmt. Wenn die unkontrollierbare Stresssituation jedoch anhält – denken wir an Mobbingsituationen – wird dieser Rückkopplungsprozess unterbrochen und die Reaktion schaukelt sich auf. Durch diverse Prozesse im Gehirn degenerieren einzelne Bereiche, und erworbene Verhaltensweisen können gelöscht werden. Der Endpunkt kann eine ausgewachsene Depression sein: Der Versuch der Kontrolle wird aufgegeben, und das Vermeidungssystem ist hochgradig aktiviert. Der Mensch lässt sich auf nichts mehr ein – der letzte Versuch, etwas zu kontrollieren, was außer Kontrolle geraten ist.

Tipp für Führungskräfte

Die Einbindung von Mitarbeitern in Entscheidungsprozesse dient also nicht nur dazu, die Qualität von Ergebnissen zu erhöhen und Akzeptanz zu erzeugen. Hier wird ganz pragmatisch ein Grundbedürfnis erfüllt: Der Mensch möchte seine Umwelt kontrollieren. Jemanden vor vollendete Tatsachen zu stellen, schafft Widerstand. Binden Sie Ihre Mitarbeiter ein. Stellen Sie sich vor, Sie würden ohne Rückfragen und Gespräche einfach an einen anderen Standort versetzt, selbst wenn das mit Aufstiegschancen verbunden und eigentlich eine gute Sache ist? Glücklich? Wahrscheinlich nicht. Denn die Art und Weise erzeugt Reaktanz. Viele an sich gute Ideen scheitern an diesem Widerstand, denn wenn man Menschen nicht in Entscheidungen einbindet, werden sie in der Regel versuchen, ihre Selbstwirksamkeit wieder zu erhalten. Und hier reagieren sehr schnell die Kampf/Flucht-Mechanismen. Also: Auch wenn Sie wissen, was für die anderen gut ist, bieten Sie Alternativen und Möglichkeiten zur Mitgestaltung!

13.5 Das Bedürfnis nach Selbstwerterhöhung und Selbstschutz

Menschen möchten sich gut fühlen. Sie möchten glauben, dass sie kompetent, fähig und von anderen geschätzt sind. Dabei hat das Bedürfnis nach Selbstwerterhöhung und Selbstwertschutz einen besonderen Stellenwert, denn es ist das einzige Grundbedürfnis, das nur dem Menschen eigen ist und sich bei keiner Tierart nachweisen lässt. (Womit möglicherweise die Frage geklärt sein könnte, was den Menschen vom Tier unterscheidet – wobei allein schon diese Fragestellung wahrscheinlich dem oben genannten Grundbedürfnis entspringt!). Die meisten Erkenntnisse über das Selbst verdanken wir der Sozialpsychologie aus der Arbeit mit erwachsenen Personen.

Ein wesentlicher Bereich der Selbstforschung ist die Selbstachtung: die Bewertung und Meinung über sich selbst. Je größer die Diskrepanz zwischen einem Ideal-Selbst – dem Bild wie ich gerne wäre – und dem aktuellen Selbst-Konzept, umso niedriger ist die eigene Selbstachtung. Dementsprechend wirken Leistungsbeurteilungen wesentlich auf das Bedürfnis nach Selbstwerterhöhung. Denn einer der Hauptfaktoren für die eigene Selbstbewertung ist der soziale Vergleich – wie sieht mich mein Chef? Wie stehe ich in Relation zu meinen Kollegen da? Verdient da jemand mehr als ich? Oder hat jemand die gleiche Punktzahl erhalten, wie ich, obwohl er sich längst nicht so anstrengt? Ein Vergleich mit anderen, die schlechter eingeschätzt werden, erhöht die eigene Selbst-Achtung (Kontrasteffekt).

Auch die Identifikation mit einer Gruppe kann die Selbstachtung steigern, da bereits die Gruppenzugehörigkeit als selbstwerterhöhend wahrgenommen wird. Im Arbeitsalltag erlebt man das zum Beispiel in der Abgrenzung einzelner Abteilungen zu anderen Abteilungen, in der Bildung von Cliquen. Auf dieses Thema werden wir später, wenn es um Gruppen und Teams geht, noch einmal zurückkommen.

Natürlich gibt es auch starke Vermeidungsziele im Umfeld der Selbstachtung. So können Situationen bewusst vermieden werden, die Abwertungen oder Enttäuschungen mit sich bringen könnten. Dass man sich damit die Chance nimmt, erfolgreich zu sein, Anerkennung zu ernten oder neue Erfahrungen zu machen, wird in Kauf genommen. Da schlägt man schon mal lieber selbst den Kollegen für die neue Führungsaufgabe vor, als zu erleben, dass er einem vorgezogen wird. Zumindest hat man dann ja noch das gute Gefühl, ihn »befördert« zu haben.

Natürlich hat die Selbsteinschätzung Einfluss auf die psychische Gesundheit: Eine positive Selbsteinschätzung ist Grundbedingung für gesunde mentale Funktionen, eine negative Selbsteinschätzung ist verknüpft mit geringeren sozialen Fertigkeiten, mit einem schwächerem Immunsystem, geringerem Serotonin-Niveau und wahrscheinlich auch höherer Impulsivität und Aggressivität. Ein noch besserer Index für die Anfälligkeit gegen Depressionen ist jedoch eine variierende Selbstachtung, die vielen Fluktuationen unterworfen ist. Die Selbstachtung steht übrigens nicht im Zusammenhang mit der tatsächlichen Leistungsfähigkeit, sondern mit dem Glauben über die erbrachte Leistung (»War ich wieder gut!«)

Nun sollte man glauben, dass ein realistisches Selbstbild erstrebenswert ist, um möglichst wenig Inkongruenz zwischen der eigenen Wahrnehmung und den aktivierten Zielen und Motiven zu erreichen. Allerdings zeigt sich, dass »selbstwerterhöhendes Verhalten sogar dann mit der psychischen Gesundheit korreliert, wenn es über das hinausgeht, was durch die realen Gegebenheiten gerechtfertigt wäre.« (Grawe, 2004).[30] Kurz: Ein gewisses Maß an Selbstüberschätzung ist gesundheitsfördernd. »Gesunde Menschen neigen zu Selbstwertillusionen wie übrigens auch zu Kontrollillusionen. Es ist eher Zeichen einer guten psychischen Gesundheit, wenn man in Maßen unrealistische Kognitionen und Wahrnehmungen erzeugt, die das Bedürfnis nach Selbstwerterhöhung und Kontrolle befriedigen ... Diese verklärenden Beurteilungstendenzen werden etwas abgeschwächt auch auf Freunde und Partner angewandt. Auch diese werden besser als der Durchschnitt dargestellt.« (Grawe, ebd.)

Üblicherweise werden Erfolge besser erinnert als Misserfolge und negative Selbstaspekte übersehen oder heruntergespielt. Das, wo man nicht so gut abschneidet, wird als weniger wichtig dargestellt. Auch hier gibt es Ausnahmen: Personen mit niedrigem Selbstwertgefühl und Depressive zeichnen sich durch ein realistisches Selbstbild aus, nehmen positive und negative Aspekte bei sich wahr – hier stimmt die Selbstbeurteilung mit der Fremdbeurteilung überein. Es sind die psychisch Gesunden, die eine verzerrte Realitätswahrnehmung bezüglich ihrer selbst haben. Man sollte als Führungskraft keinesfalls ein realistisches Selbstbild des Mitarbeiters einfordern – auf diesen reality check wird besser verzichtet!

❗ Ein realistisches Selbstbild ist kein Zeichen
▪ psychischer Gesundheit.

Auch von unrealistischem Optimismus wird berichtet. Psychisch gesunde Menschen neigen zu dem Glauben, dass sie weniger wahrscheinlich von Unglücken, Unfällen oder Verletzungen betroffen sind als andere Menschen, und dass es ihnen besser gehen wird in nächster Zukunft. Depressive neigen zu einer deutlich realistischeren Sichtweise. (Kann die realistische Sicht möglicherweise Ursache der Depression sein? Ein interessantes Forschungsfeld!). Menschen haben also die Tendenz,

---

[30] Grawe, Klaus: »Neuropsychotherapie«. Göttingen, Hogreve 2004, S. 258

»sich in die Tasche zu lügen«. Diese Illusionen führen jedoch im Sinne einer sich selbst erfüllenden Prophezeiung nicht selten zum erhofften Ergebnis. Sie bringen also die Personen in einen besseren, funktionsfähigeren Zustand und sorgen für positive Rückkopplungsprozesse im Gehirn.

Tipp für Führungskräfte

Das Bedürfnis nach Selbstwerterhöhung ist auch in Unternehmen sehr wirksam. Hier spielen Statussymbole eine große Rolle – der Firmenwagen, der eigene Parkplatz mit Namensschild, das Eckbüro mit zwei Fenstern. Das kann schon einmal sehr merkwürdige Formen annehmen. Der Wunsch nach sozialer Anerkennung spielt hier ebenso eine Rolle. Nicht wenige Anreizsysteme bedienen das Bedürfnis nach Selbstwerterhöhung: Da werden der Mitarbeiter des Monats gekürt, eine »Bundesliga-Tabelle der erfolgreichsten Verkäufer« erstellt, offen belobigt und Schultern geklopft. Man sollte aber nicht vergessen – wo das Selbstwertbedürfnis eines Einzelnen damit gehätschelt wird, wird das Bedürfnis anderer Menschen oft sträflich verletzt. Haben sich die anderen Mitarbeiter etwa nicht angestrengt? Müssen sie jetzt nicht dafür gerade stehen, dass der ach so erfolgreiche Verkäufer mal wieder Zugeständnisse gemacht hat, die ohne Überstunden und Mehrarbeit nicht zu realisieren sind? Wieso werden immer nur die Verkäufer gelobt? Sind wir anderen nichts wert? ...

Anerkennung und Kritik gehören ins Vieraugengespräch. Da sind sie selbstwertdienlich. Fördern und fordern Sie – auch wenn Sie selbst den Eindruck einer möglichen Überforderung haben.

Ein überzogenes Bedürfnis nach Selbstwerterhöhung ist für alle Beteiligten nervig – vor allem, wenn es die Führungskraft selbst betrifft. Sie möchte in jeden Entscheidungsprozess einbezogen werden, ohne fachlich wirklich im Thema zu sein. Und fungiert damit als Flaschenhals. Jedes Schreiben, das über seinen Schreibtisch geht, wird noch einmal korrigiert – schon aus Prinzip. Das kostet Zeit und die Motivation der Mitarbeiter. Haben Sie also auch ein Auge auf sich selbst!

13.6 Die Ausbildung motivationaler Ziele

Obwohl das Bedürfnis nach Lust ein starker Motivator ist, reicht es nicht aus, um die Komplexität von Annäherungs- und Vermeidungszielen zu beschreiben. Hier sind alle Grundbedürfnisse beteiligt: Es geht um Kontrolle, um Bindung, um Selbstwert. Und wenn man sein Ziel erreicht hat, empfindet man weniger Lustgefühle, sondern vielmehr komplexe Emotionen wie innere Zufriedenheit, Stolz, Genugtuung, Mitgefühl, im Reinen mit sich sein ... Unser subjektives Wohlbefinden ist nicht der Indikator für Lustbefriedigung, sondern das Ergebnis davon, wie es uns gelingt, unsere Grundbedürfnisse in Einklang zu bringen mit der Realität. Wenn einzelne Grundbedürfnisse auf Kosten anderer übergewichtig werden, führt dies zwangsläufig zu Defiziten bei der Befriedigung anderer Bedürfnisse. So führt ein hohes Bindungsbedürfnis mit einer unglücklichen Beziehung oft zu Defiziten im Kontrollvermögen, Fettsucht geht möglicherweise einher mit sinkender Selbstachtung und Selbsthass, überzogene Selbsterhöhungstendenzen können zu Problemen im Bindungsbereich führen etc. Das Ziel muss es also sein, unsere Grundbedürfnisse in Balance zu halten.

❗ Die Grundmotive Bindung, Kontrolle, Selbstwerterhöhung und Lust bilden im normalen Zustand eine Balance.

Tipp für Führungskräfte

Auch wenn wir nun ein wenig ausgeholt haben, um die Wurzeln von grundlegenden Bedürfnisstrukturen zu beleuchten und auch die negativen Auswirkungen ungünstiger Konstellationen aufzuzeigen – Sie haben als Führungskraft keinen therapeutischen Auftrag! Aber es kann sehr hilfreich sein, zu verstehen, warum sich manche Menschen schwerer tun, eine optimistische Grundhaltung einzunehmen ... warum manche Menschen mehr Wert auf Macht-Insignien legen, als andere ... warum manche Menschen ohne mit der Wimper zu zucken den Bereich wechseln, während andere Kollegen mit hohem Bindungsbedürfnis lieber nicht das Team verlassen wollen ... Wichtig für Sie ist: Diese Grundbedürfnisse sind elementar und bei jedem Menschen vorhanden. Richten Sie also Ihr Führungsverhalten so aus, dass Sie diese Bedürfnisse angemessen berücksichtigen. Beziehungspflege, Kontrolle über das eigene Leben, Selbstachtung und Spaß an der Arbeit – das sind die Grundlagen für motiviertes Arbeiten.

13.7 Leistungsmotivation: intrinsisch oder extrinsisch?

Gerade im Bereich von Leistungsmotivation ist die Unterscheidung in intrinsische und extrinsische Motivation relevant. Intrinsisch heißt: aus der Tätigkeit heraus. Extrinsisch heißt: durch externe Faktoren angeregt.

Ein intrinsisch motivierter Mensch arbeitet aus sich heraus. Ihm macht seine Tätigkeit Freude. Er erkennt die Sinnhaftigkeit seines Tuns und kann sich mit den Zielen identifizieren. Extrinsisch motivierte Menschen arbeiten nicht wegen der Arbeit, sondern wegen des Lohns. Anreizsysteme wie Provisionen, Prämien und Zulagen unterstützen diese Form von Motivierung. Nicht selten wird die komplette Führungsverantwortung an solche Anreizsysteme delegiert. Man braucht nicht mehr zu führen – der Mitarbeiter merkt es schließlich direkt in der Geldbörse, wenn die Leistung nicht stimmt. Das wäre eigentlich ganz praktisch, wenn, ja wenn da nicht dieser grässliche Korrumpierungseffekt wäre.

Experiment zur Sache (Decci, 1971, 1975 sowie Lepper, Grenn, Nisbett, 1973[31])

Kindergartenkinder wurden zunächst beobachtet, welche Tätigkeiten sie besonders gerne ausführten (z. B. Malen, Singen, Spielen) und wie häufig diese Tätigkeiten durchgeführt wurden. Anschließend erhielten die Kinder Belohnungen, wenn sie ihre Lieblingstätigkeiten ausführten.

Nach einer Weile fiel die Belohnung weg.

Das Ergebnis: Die Kinder führten nun ihre Lieblingstätigkeiten sehr viel seltener aus, als vor der Belohnungsphase und fanden sie auch weniger reizvoll. Anscheinend hatte die eingeführte Belohnung die ursprüngliche Attraktivität der Tätigkeit gesenkt. Dieser Effekt wurde als Korrumpierungseffekt bezeichnet.

Inzwischen hat man in diesem Bereich weiter geforscht, um zu untersuchen, wie sich dieser Effekt im Arbeitsalltag finden lässt. Denn warum sollte eine sowie schon gerne durchgeführte Tätigkeit auch noch belohnt werden? In der Regel sollte man ja eher dann Anreize bieten, wenn

---

[31] Heckhausen, Jutta und Heinz: »Motivation und Handeln«. Springer Verlag, 4. Auflage, S. 372

die Tätigkeit eben nicht aus sich heraus attraktiv ist. Und dann kann eine Belohnung tatsächlich motivierend wirken. Und doch lohnt es sich hier genauer hinzuschauen, denn es gibt ganze Berufszweige, die weitgehend ausschließlich extrinsisch, sprich über Provisionsregelungen, motiviert werden. Ist Verkaufen tatsächlich ein so furchtbarer Job, dass man nur mit der Verlockung von schnödem Mammon konzentriertes Arbeiten am Kunden erwarten darf?

Nach Cameron et al. (2001)[32] tritt der Korrumpierungseffekt dann auf, wenn

• die Tätigkeit interessant ist,

• materielle Belohnungen anstelle von Lob erfolgen und

• diese Belohnung erwartet wird.

Dann ist die erwartete Belohnung zukünftiger Zweck des Tuns. Und nicht mehr die Freude an der Arbeit!

Tipp für Führungskräfte

Zunächst einmal: Um kaum ein Thema wird in Führungskräfteseminaren so erbittert diskutiert, wie um den Korrumpierungseffekt. Zu lieb geworden sind die typischen variablen Gehaltsbestandteile und Anreizsysteme. Es gibt sogar Stimmen, die den Effekt anzweifeln, weil er sich empirisch – d. h. aus Erfahrungen heraus – nicht unbedingt zeigt. Das mag sein. Aber er lässt sich experimentell nachweisen. Und wenn man in der Wissenschaft nicht genauer hinschauen würde, als nur mit gesundem Menschenverstand, würde die Sonne immer noch um die Erde kreisen. Wenn Arbeit Spaß macht, wird dieser Spaß durch erwartete Belohnungen genommen. Also seien Sie sparsam mit solchen Anreizsystemen. Ermöglichen Sie Ihren Mitarbeitern eher den Spaß an der Arbeit. Werten Sie das, was er tut, positiv. Und wenn es dann mal außer der Reihe eine Prämie gibt, freut sich der Mensch.

❗ Überschätzen Sie nicht Ihre Fähigkeit zur Selbsterkundung und ▪ Reflexion. Nicht jeder kann erkennen, was ihm wirklich gut tut.

---

[32] in: Heckhausen, Jutta und Heinz: »Motivation und Handeln«. Springer Verlag, 4. Auflage, S. 372

13.8   Die 16 Lebensmotive

Bei den vier Grundbedürfnissen ging es um »angeborene« soziale Motive. Im menschlichen Verhalten spielen aber noch andere Antreiber eine Rolle. Ein Modell dazu hat Steven Reiss[33] entwickelt.

Er hat aus ursprünglich mehr als 400 Zielen 16 Lebensmotive extrahiert, die unser Leben bestimmen und es lebenswert machen:

• Macht (Streben nach Erfolg, Leistung, Führung)

• Unabhängigkeit (Streben nach Freiheit und Autarkie)

• Neugier (Streben nach Wissen und Wahrheit)

• Anerkennung (Streben nach sozialer Akzeptanz, Zugehörigkeit und positivem Selbstwert)

• Ordnung (Streben nach Stabilität und guter Organisation)

• Sparen (Streben nach dem Anhäufen materieller Güter)

• Ehre (Streben nach Loyalität und charakterlicher Integrität)

• Idealismus (Streben nach sozialer Gerechtigkeit und Fairness)

• Beziehungen (Streben nach Freundschaft, Kameradschaft und Humor)

• Familie (Streben nach Familiengründung und eigenen Kindern)

• Status (Streben nach Reichtum, einem gewissen sozialen Stand in der Gesellschaft)

• Rache (Streben nach Konkurrenz, Kampf und Vergeltung)

• Eros (Streben nach erotischem Leben, Sexualität und Schönheit)

• Essen (Streben nach Nahrung)

• körperliche Aktivität (Streben nach Fitness und Bewegung)

• Ruhe (Streben nach Entspannung und emotionaler Sicherheit)

Dabei sind diese Motive nicht angeboren, sondern sozial gelernt und können sich im Laufe des Lebens verändern. In der Regel sind es auch nicht alle 16 Lebensmotive, die uns steuern, sondern eine kleine Anzahl hoch priorisierter Motive. Vielleicht erscheint Ihnen das praktika-

---

[33] Reiss, Steven: »Wer bin ich und was will ich wirklich«. Redline Verlag 2009

bler, wenn es um die Motivation Ihrer Mitarbeiter geht, als sich mit Bindungsgewohnheiten und angeborenen Dispositionen im Vermeidungssystem auseinanderzusetzen. Wichtig ist, dass man ein Gefühl für die Unterschiedlichkeit der Menschen erhält.

❗ Es gibt sehr viele, sehr unterschiedliche Motivationstheorien.
▪ Schauen Sie für Ihren Führungsalltag, was für Sie praktikabel ist.

Tipp für Führungskräfte

Probieren Sie es für sich selbst aus: Was ist Ihnen wichtig? Wo liegen Ihre Notwendigkeiten? Was ist eher »nice to have«? Worauf können Sie im Zweifel auch schon mal verzichten? Grundsätzlich gilt, was für mich wichtig ist, ist es für andere nicht unbedingt. Es lohnt sich also, sich intensiver mit den Lebensmotiven der Mitarbeiter zu beschäftigen. Denn ein Mitarbeiter, der seinen Energieeinsatz dort tätigen muss, wo er für sich keine Wichtigkeit erkennt, wird dauerhaft unzufrieden sein.

---

14   Führungsaufgabe Motivation

Sind Sie als Führungskraft für die Motivation Ihrer Mitarbeiter verantwortlich? Die Antwort ist ein klares »Jein«. Denn eigentlich kommt die
Motivation ja aus der Arbeit heraus. Der Anspruch des Mitarbeiters
»Hey Chef, motivier mich mal!« kann also klar gekontert werden mit
»Mach einfach deinen Job!« Und hier fängt die Führungsaufgabe tatsächlich an: Leistungsmöglichkeiten schaffen und Leistungsvermögen
sicherstellen. Über den Leistungswillen machen wir uns zunächst
einmal keine Sorgen, denn der ist ja angeboren. Aber selbst bei den
beiden recht überschaubaren Aufgaben gibt es genügend Handlungs-
möglichkeiten, denn Führungskräfte können zwar nicht motivieren, aber
demotivieren. Hier eine kleine Liste dazu:

• mangelnder Respekt und fehlende Wertschätzung

• Kritik vor anderen üben

• fehlende Einbindung in Entscheidungen

• keine Partizipationsmöglichkeiten

• fehlende Zielklarheit

• unklare Informationsflüsse und fehlende Informationen

• schlechtes oder fehlendes Arbeitsmaterial

• keine ausreichende Einarbeitung

• Unterforderung und Langeweile

• fehlende Anerkennung für Geleistetes

• den Mitarbeiter übergehen

• autoritäres Vorgehen

• Beliebigkeit

• permanente Kontrolle

• ...

Wenn Sie genauer hinschauen, können Sie schnell feststellen, welche
der basalen Grundbedürfnisse Bindung, Kontrolle, Selbstwerterhöhung
und Lust bzw. Unlustvermeidung betroffen sind. Hier liegen die Schlüssel
zur Demotivation. Wenn Sie gerne noch etwas konkreter hinschauen

wollen, versuchen Sie es mal mit den Lebensmotiven nach Steven Reiss. Manchmal erschließen sich die wichtigen Motive schnell, durch Beobachtung und Erfahrung. Aber Sie sollten nicht raten. Es lohnt sich, mit dem Mitarbeiter darüber zu sprechen, was ihm wichtig ist und wie Sie seine Wünsche und Notwendigkeiten angemessen berücksichtigen können. Einen Familienmenschen braucht man nicht mit der Karriere im Ausland zu locken. Aber mehr Freizeitausgleich wäre vielleicht wirklich ein echter Motivator. Einen unabhängigen Menschen werden Sie in der Teamarbeit möglicherweise als eher unglücklich erleben. Als Einzelkämpfer mit hoher Entscheidungskompetenz wird er zur Hochform auflaufen. Neugierige Menschen freuen sich über neue Aufgaben, wenn die Aufgabe zu ihrem Interessengebiet gehört. Menschen mit dem Motiv Ruhe schätzen eher die Routinen und das Bekannte. Der Statusorientierte freut sich eventuell über die neuen Visitenkarten mit dem klingenden Titel, während der Idealist sich vielleicht lieber Gedanken macht, wie sich das Unternehmen sozial engagieren kann ... Es gibt viele Möglichkeiten, die individuellen Ziele und Notwendigkeiten von Mitarbeitern angemessen zu berücksichtigen und damit ein Klima von Motivation und Wertschätzung zu schaffen. Incentives und Boni-Systeme wirken möglicherweise bei sparsamen Menschen motivierend, bei den meisten anderen eher nicht.

- Seien Sie sich darüber klar, dass Sie Vorbild sind. Wenn Sie nicht motiviert sind, werden es Ihre Mitarbeiter auch nicht sein.

- Verstehen Sie sich als Dienstleister für Ihre Mitarbeiter. Ihr Job ist es, dafür zu sorgen, dass die Infrastruktur stimmt, die Informationen bereitstehen, das Ziel klar ist.

- Machen Sie deutlich, wo der Wert der Arbeit liegt. Schaffen Sie Sinnhaftigkeit des Tuns. Und sorgen Sie für Nachhaltigkeit. Wenn man drei Monate an einem Projekt gearbeitet hat, um dann zu erfahren, dass der Vorstand das Projekt eingestampft hat, dann ist das demotivierend, selbst wenn die Tätigkeit noch so viel Spaß gemacht hat.

- Zeigen Sie Anerkennung und Wertschätzung für Geleistetes: »Super gemacht!« – »Da haben Sie uns nach vorne gebracht!« – »Der Kunde war total begeistert.« Sprechen Sie Positives an, feiern Sie Erfolge.

- Fördern Sie Ihre Mitarbeiter. Vielleicht ist jemand zu Höherem berufen. Dann blockieren Sie nicht die Karriere, sondern halten ihm die Steigbügel. Manche Führungskräfte haben so viel Angst davor, einen guten Mitarbeiter zu verlieren, dass sie lieber riskieren, dass er das Unternehmen verlässt. Haben Sie einen Mitarbeiter mit Entwicklungspotenzial, sprechen Sie ihn gezielt an und fragen Sie nach, was ihn interessiert und wo er seine Möglichkeiten sieht. Bieten Sie Qualifizierungs- und Trainingsmöglichkeiten.

❗ Sie können Ihre Mitarbeiter demotivieren, aber nicht motivieren.
▪ Doch können Sie die Bedürfnisse Ihrer Mitarbeiter berücksichtigen und entsprechend handeln.

Literaturempfehlungen zur Vertiefung des Themas
- Sprenger, Reinhold: »Mythos Motivation – Wege aus der Sackgasse«. Campus, 2010
- Reiss, Steven: »Wer bin ich und was will ich wirklich«. Redline, 2009
- Grawe, Klaus: »Neuropsychotherapie«. Hogreve, 2004

Selbstreflexion und Forschungsfragen

Welche Erfahrungen habe ich mit meiner Art der Mitarbeitermotivation gemacht?

Was motiviert mich selbst? Schauen Sie sich die 16 Lebensmotive von Steven Reiss noch einmal an. Welches sind die drei für Sie wichtigsten Motive? Woran machen Sie das fest?

Welches sind die Kernmotive meiner Mitarbeiter? Schätzen Sie Ihre Mitarbeiter daraufhin ein, welche Motive für den Einzelnen wohl besonders wichtig sind. Da, wo Sie es nicht wissen, suchen Sie das Gespräch.

Name des Mitarbeiters	Bevorzugtes Motiv	Woran mache ich das fest?	Wie kann ich dieses Motiv angemessen berücksichtigen?

Gibt es in unserer Abteilung eher ein Klima intrinsischer oder extrinsischer Motivation? Woran mache ich das fest?

_____

_____

Was kann ich dazu beitragen, die intrinsische Motivation meiner Mitarbeiter zu fördern (Leistungsvermögen und Leistungsmöglichkeit optimieren)?

_____

_____

Wann will ich das ausprobieren?

_____

_____

Woran erkenne ich, dass die Mitarbeitermotivation gut ist bzw. sich verbessert?

_____

_____

15   Der Mensch und seine Persönlichkeit

Da unser Gehirn ja gerne mit Schubladen arbeitet, packen wir auch Menschen gerne dort hinein. Schon Hippokrates typisierte Menschen in der Elementenlehre nach ihren Temperamenten in Phlegmatiker – Wasser; Sanguiniker – Luft; Choleriker – Feuer; Melancholiker – Erde. Diese Temperamente korrespondieren mit den Körpersäften Blut (Sanguiniker), Schleim (Phlegmatiker), gelbe Galle (Choleriker) und schwarze Galle (Melancholiker). Sind die Körpersäfte gut gemischt, verfügt der Mensch über einen harmonischen Charakter. Überwiegt ein Körpersaft, prägt das den Charakter. Auch wenn man doch zwischenzeitlich einiges über die Körpersäfte hinzugelernt hat – die Temperamentbeschreibungen sind heute fester Bestandteil unserer Alltagssprache.

Abb. 6: Die Temperamente nach Hippokrates – Choleriker, Melancholiker, Phlegmatiker, Sanguiniker

Und auch heute noch erfreuen sich Typologien in Unternehmen großer Beliebtheit: DISG, LIFO, MBTI, Insights, um nur einige zu nennen. Sie alle haben gemeinsam, dass sie mit relativ wenig Aufwand Menschen in relativ wenige Kategorien pressen. Den meisten Menschen ist durchaus bewusst, dass es nicht zwei Menschen gibt, die auch nur annähernd ähnlich ticken. Warum also diese Begeisterung für die Reduzierung von Komplexität? Eine Antwort, die man hier häufig hört: »Ja, aber es passt doch. Ich erkenne mich wieder. Und die anderen auch.« Interessanterweise funktioniert das auch bei Horoskopen. Die passen auch. Und zwar unabhängig davon, welche man liest. Wenn Sie die Kapitel über das Funktionieren unseres Gehirns aufmerksam gelesen haben, wissen Sie auch warum: Das Gehirn hat es gerne einfach, nimmt Informationen selektiv auf und nur die Informationen, die zur Einstellung passen.

15.1   Was macht den Menschen aus?

Um Menschen zu beschreiben, werden häufig Eigenschaften herangezogen: geduldig, charismatisch, hinterhältig, freundlich … Da weiß man doch gleich, mit wem man es zu tun hat. Und wenn wir erst einmal ein Bild haben, bleibt es stabil. Deshalb hat sich wohl auch der Glaube verfestigt, dass Eigenschaften etwas Stabiles sind, was die Zeit überdauert. Auf eine Eigenschaft wie Extraversion/Introversion (nach außen oder innen gewandt) scheint das tatsächlich zuzutreffen. Andere Eigenschaften wie Ungeduld, Zuverlässigkeit, Gewissenhaftigkeit oder Ähnliches verändern sich durchaus mit der Zeit.

Bei der Personalauswahl spielen Persönlichkeitstests eine große Rolle. Dabei konzentriert man sich weitgehend auf berufsbezogene Eigenschaften (z. B. beim BIP, Bochumer Inventar berufsbezogener Persönlichkeitsbeschreibung). Dahinter steckt die Annahme, dass es bestimmte Eigenschaften gibt, die ein Mitarbeiter oder eine Führungskraft in einer bestimmten Ausprägung haben sollte. Auch wenn man inzwischen festgestellt hat, dass sich erfolgreiche Führungskräfte nicht durch besondere Eigenschaften auszeichnen, sondern durch die Form ihrer Aufgabenerfüllung, setzen viele Firmen bei der Einstellung auf Anforderungsprofile und Assessment Center. Das muss grundsätzlich auch nicht von Übel sein, wenn die Anforderungsprofile sorgfältig auf der Basis der Funktion und Aufgaben, der Teamzusammensetzung, der Zukunftsperspektiven etc. erarbeitet wurden. Leider ist das eher selten der Fall. In vielen Köpfen herrschen Denkmuster vor wie »Führungskräfte müssen durchsetzungsstark sein«, »Verkäufer müssen groß sein«, »Assistentinnen müssen blond sein« … Alte Gewohnheiten sterben eben schwer, und unser alltagspsychologisches Verständnis besteht auf Eigenschaften. Klar, bei unserer Vorliebe für Schubladen und Kästchen. Ein beliebtes Modell, das auch teilweise heute noch in der Personalauswahl Verwendung findet, ist das Modell der Big Five.

15.2   Die Big Five

Aus einer Fülle von Eigenschaften, wie Menschen einander beschreiben, sind fünf Super-Dimensionen der Persönlichkeit gebildet worden. Im Englischsprachigen bezeichnet man sie auch als das OCEAN-Modell, weil die Anfangsbuchstaben der englischen Dimensionsbezeichnungen

O (Openess = Offenheit für Erfahrungen), C (Conscientiousness = Gewissenhaftigkeit), E (Extraversion), A (Agreeableness = Umgänglichkeit) und N (Neurotizismus) sind.

Die Festlegung auf die Big Five wurde von Paul Costa und Robert McCrae[34] am National Institute of Health vorangetrieben. Die fünf Faktoren ermittelten sie aus einer Vielzahl alltagssprachlicher persönlichkeitsrelevanter Adjektive. Sie verfügen über eine genetische Komponente: Eineiige Zwillinge sind sich in allen fünf Faktoren ähnlicher als zweieiige Zwillinge. Für den Statistiker ist allerdings eine Faktorenanalyse als Verfahren der Komplexitätsreduzierung nicht unumstritten.

Im Deutschen haben sich für die Dimensionen folgende Bezeichnungen etabliert:

Neurotizismus

Bei Personen mit hohem Wert zeigt sich die Tendenz, nervös, ängstlich, traurig, unsicher und verlegen zu sein, sich Sorgen um die Gesundheit zu machen, unrealistische Ideen zu verfolgen. Sie zeigen sich unfähig, die Bedürfnisse zu kontrollieren und auf Stressreaktionen angemessen zu reagieren: »Ich fühle mich oft angespannt und nervös«, »Ich fühle mich oft hilflos und wünsche mir eine Person, die meine Probleme löst«. Personen mit niedrigem Wert sind ruhiger, zufriedener, stabiler und neigen weniger zu negativen Gefühlen

Extraversion

Personen mit hohen Werten sind gesellig, aktiv, gesprächig, sozial, herzlich, optimistisch. Sie suchen Anregungen und Aufregungen. »Ich habe gern viele Leute um mich herum«, »Ich bin ein fröhlicher, gut gelaunter Mensch«. Die Dimension wird auch Begeisterungsfähigkeit genannt. Der Gegenpol ist Introversion.

Offenheit für Erfahrungen

Personen mit hohem Wert schätzen neue Erfahrungen, bevorzugen Abwechslung; sie sind wissbegierig, kreativ, fantasievoll und unabhängig in ihrem Urteil. Personen mit niedrigem Wert neigen zu konventionellem Verhalten, reagieren konservativ. Hier ist die Dimension von Wandlern und Bewahrern.

---

[34] McCrae & Costa, 1987

Liebenswürdigkeit

Personen mit hohem Wert zeigen die Neigung, altruistisch, mitfühlend, verständnisvoll und wohlwollend zu sein. Sie zeigen zwischenmenschliches Vertrauen und Nachgiebigkeit bei einem ausgeprägten Harmoniebedürfnis. Menschen mit hohen Werten verhalten sich eher kooperativ, mit niedrigen Werten eher kompetitiv.

Gewissenhaftigkeit

Die Skala unterscheidet ordentliche, zuverlässige, disziplinierte, ehrgeizige, pünktliche, penible, hart arbeitende Personen von nachlässigen und gleichgültigen.

Die Ausprägung der Eigenschaften ist in der Jugend noch variabel, erst um das 30. Lebensjahr herum verfestigen sie sich.

Tipp für Führungskräfte

Ja, und jetzt? Sie merken schon, die Kenntnis über fünf Schlüsseleigenschaften hilft Ihnen nicht wirklich weiter. Interessant wäre es, wenn dahinter ein klares Menschenbild stünde vom »richtigen« Menschen. Aber so wie wir nicht alle aussehen können wie Angelina Jolie oder Brad Pitt, so verfügen auch nicht alle Menschen über die in sich ruhende Psyche eines Dalai Lama. Unterschiedlichkeit ist eine der großen Qualitäten der Menschheit.

Weiß man denn, welche Auswirkungen die einzelnen Eigenschaften auf das Verhalten haben? Nun, es gibt einen negativen Zusammenhang zwischen Neurotizismus und Gehalt, also: Je höher der Wert bei Neurotizismus ist, umso weniger verdient der Mensch. Bei Extraversion ist das umgekehrt, aber nicht so deutlich ausgeprägt. Selbstständige neigen weniger zu Neurotizismus als Arbeitslose, Studenten haben die höchsten Durchschnittswerte bei Extraversion und Beamte bei Gewissenhaftigkeit.[35] Das bestätigt die gängigen Klischees, trägt aber auch kaum zur weiterführenden Erkenntnis bei. Können Sie aus den Kenntnissen der Persönlichkeitsfaktoren Prognosen über zukünftiges Verhalten in konkreten Situationen ableiten? Eher nicht.

---

[35] Satow, L. (2011). Psychomeda Big-Five-Persönlichkeitstest (B5T): Skalendokumentation und Normen. Forschungsbericht erhältlich unter www.psychomeda.de. Hier kann auch ein Selbsttest durchgeführt werden.

Denken Sie also daran, wenn Sie in Ihrem Unternehmen mit Persönlichkeitstests oder Persönlichkeitsmodellen arbeiten. Sie sind trefflich dazu geeignet, um miteinander ins Gespräch zu kommen und die Selbstreflexion anzuregen. Auch bei Teambildungsmaßnahmen können sie äußerst hilfreich sein, weil sie ermöglichen, dass Menschen sich konstruktiv Feedback geben und gegenseitige Toleranz entwickeln. Und das ist wirklich hilfreich. Aber erwarten Sie nicht, dass Sie hinterher wissen, wie Ihre Mitarbeiter funktionieren.

❗ Persönlichkeitsmodelle sind nur sehr eingeschränkt geeignet, ▪ um Voraussagen über menschliches Verhalten oder Prognosen über den Berufserfolg zu machen.

Wesentlich komplexer sind neuere Persönlichkeitsmodelle, die auch den Anspruch erheben, Verhalten nicht nur zu erklären, sondern auch Vorhersagen mit einer gewissen Wahrscheinlichkeit zu erlauben. Denn bisher können Psychologen gar trefflich Verhalten im Nachhinein erklären, aber mit Prognosen tut man sich schwer.

16 Was unser Handeln steuert: Die PSI-Theorie

Eines dieser neuen Persönlichkeitsmodelle bietet die PSI-Theorie. Achtung, jetzt wird es komplex und ziemlich wissenschaftlich. Aber Sie schaffen das! Die PSI-Theorie nach Prof. Julius Kuhl,[36] Universität Osnabrück, ist eine hochintegrative Theorie. Sie verknüpft verschiedene Zweige der Psychologie – Wahrnehmungspsychologie, Neuropsychologie, Motivationspsychologie, Persönlichkeitspsychologie und Sozialpsychologie. PSI steht für Persönlichkeits-System-Interaktion und beschreibt das Zusammenspiel verschiedener Gehirnsysteme und wie sie das Verhalten steuern. Das hört sich zunächst einmal kompliziert an, beschreibt aber nichts anderes, als man selbst im Alltag beobachten kann: Menschen verhalten sich sehr unterschiedlich. Und wenn Sie schon einmal mit einem Persönlichkeitsprofil gearbeitet haben, dann wissen Sie, dass auch die Kollegen, die dem gleichen Typ wie Sie entsprechen, ganz anders sind, als Sie.

1. Das fängt zunächst einmal auf der elementaren Wahrnehmungsebene an. Ist man eher sensitiv (realistisch und detailorientiert) oder intuitiv (ganzheitlich und möglichkeitsorientiert) unterwegs?

2. Auch die genetische Disposition spielt eine Rolle. Welches Temperament hat der Mensch? Hat er viel Energie oder eher wenig?

3. Und wie schaut es mit der Gefühlslage – den Affekten – aus? Sind die in der Situation eher negativ oder positiv? Eher »hin zu« oder »weg von« gepolt?

4. Geht der Mensch eher ins Handeln oder verbleibt er wahrscheinlicher in der aktuellen Lage (Handlungs- vs. Lageorientierung)? Sie haben sicherlich auch schon bei einzelnen Mitarbeitern festgestellt, dass sie lieber klagen, als in der Sache etwas zu ändern. Das spricht für Lageorientierung.

5. Bei den Motiven haben wir schon festgestellt, dass die Erziehung und die Elternbindung großen Einfluss haben auf die Motivstrukturen. Und Motive sind Bedürfnisse, die erfüllt werden wollen.

6. Welche Fähigkeiten hat der Mensch, Situationen zu analysieren? Wenn er sich etwas vornimmt, kann er das auch umsetzen? Und auf

---

[36] Kuhl, Julius: »Motivation und Persönlichkeit«. 2001

der Gefühlsebene: Wie wirkt die Situation auf ihn in seiner Ganzheit? Wie wirkt sie auf sein Selbst?

7. Auf der höchsten Prozessebene steht die Selbststeuerung. Welche Kompetenzen besitzt der Mensch in den Bereichen Selbstkontrolle und Selbstregulation?

Alle diese Faktoren wirken zusammen und machen den Menschen aus.

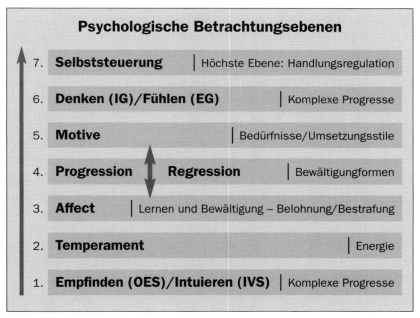

Abb. 7: Ebenenmodell

Tipp für Führungskräfte

Wenn Sie sich mit menschlichem Verhalten auseinandersetzen – und nichts anderes ist Personalführung – dann schauen Sie weniger auf einzelne Persönlichkeitseigenschaften (denken Sie an den fundamentalen Attributionsfehler), sondern betrachten Sie den Menschen ganzheitlich in seiner Handlung. Vielleicht stöhnt jetzt der eine oder andere der Leser auf: Wann soll dafür die Zeit sein? Das ist weniger eine Frage von Zeit, sondern vielmehr von neuen Denkmustern.

16.1   Die psychischen Systeme im Gehirn ...

Was spielt sich denn da eigentlich in unserem Gehirn ab? Die PSI-Theorie fußt auf neurospsychologischen Erkenntnissen. Vier Gehirnsysteme teilen sich die Arbeit. Zwei davon sind evolutionstechnisch bereits sehr alt. Das sind das Objekterkennungssystem und die intuitive Verhaltenssteuerung.

Das Objekterkennungssystem ist unser Unstimmigkeitsdetektor, der uns vor Gefahren warnt. Der Säbelzahntiger hinterm Busch? Schon entdeckt! Und direkt wird in den Kampf- oder Fluchtmodus geschaltet. Dieses System stellte das Überleben unserer Spezies sicher. Und es ist auch heute noch aktiv. Prozessänderung? Achtung Gefahr! Und auch hier: Kampf oder Flucht! Kein Wunder, dass bei Aktivitäten dieser Gehirnregion eher mit negativen Affekten zu rechnen ist. Was sind eigentlich Affekte? Das sind heftige Wallungen und Gemütsbewegungen; »ein Erregungszustand, der zu gesteigertem Antrieb führen, aber Einsicht und Kritik ausschalten und die Herrschaft des Menschen über sich selbst beeinträchtigen kann«. (Hehlmann 1967, S. 3, 4).[37]

Die intuitive Verhaltenssteuerung (IVS) ist da besser drauf. Sie steht quasi für die paradiesischen Zustände im Stammesland. Alles geht leicht von der Hand, ohne Nachdenken, ohne Stress, ganz wie von selbst. Hier liegen die Verhaltensskripte, die wir völlig automatisch aktivieren können. Wenn Sie sich im Flow-Zustand befinden, wo alle Tätigkeiten wie von selbst von der Hand gehen und Zeit und Raum vergessen werden, dann sind Sie im IVS unterwegs.

Der kühle Intellekt sitzt im Absichtsgedächtnis. Es ist die Ratio in unserem Gehirn. Hier wird gedacht, analysiert, geplant und Absichten gebildet. Im Business Umfeld hält man sich da wohl am liebsten auf, denn alles ist klar und relativ emotionslos. Ja, auch positive Affekte werden hier ausgebremst, so als würde unser Absichtsgedächtnis sagen: Moment mal, keine Euphorie! Das wollen wir uns erst einmal genauer anschauen. Das Absichtsgedächtnis ist wie auch das Extensionsgedächtnis ein sehr komplexes Hirnsystem, evolutionstechnisch deutlich jünger, als die beiden anderen Systeme Objekterkennungssystem OES und Intuitive Verhaltenssteuerung IVS. Es ist bei Rechtshändern in der linken Gehirnhälfte lokalisiert.

---

[37] Hehlmann, W. (1967): »Wörterbuch der Pädagogik«. Stuttgart: Kröner.

Das Extensionsgedächtnis liegt auf der rechten Seite des Gehirns. Hier ist der Sitz der Kreativität, des Fühlens, des Selbst. So fungiert das Extensionsgedächtnis auch ein Stück als Schaltzentrale zwischen den psychischen Systemen und achtet – wenn alles gut läuft – für die nötige Balance. Auch das Extensionsgedächtnis sorgt für eine gewisse innere Distanz. Negative Affekte, die zum Beispiel durch das Objekterkennungssystem entstanden sind, werden hier herabgeregelt: Warte mal ab, so schlimm wird es nicht sein. Lass uns mal genauer hinschauen, was wir tun können.

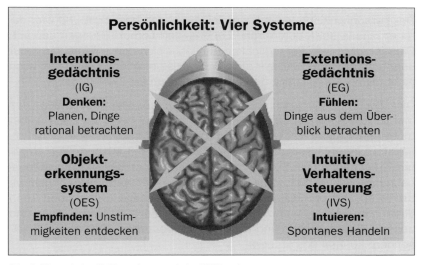

Persönlichkeit: Vier Systeme

| **Intentions-gedächtnis** (IG) **Denken:** Planen, Dinge rational betrachten | **Extensions-gedächtnis** (EG) **Fühlen:** Dinge aus dem Überblick betrachten |
| **Objekt-erkennungs-system** (OES) **Empfinden:** Unstimmigkeiten entdecken | **Intuitive Verhaltens-steuerung** (IVS) **Intuieren:** Spontanes Handeln |

Abb. 8: Die zentralen Gehirnsysteme nach der PSI-Theorie

16.2   Spontan und überlegt

Doch wie wirken die Gehirnsysteme zusammen? Was können wir verändern? In der PSI-Theorie werden zwei unterschiedliche Reaktionsformen unterschieden. Die Erstreaktion ist spontan und gelenkt durch unser Temperament und überdauernde Persönlichkeitseigenschaften. Es ist sozusagen der persönliche Stil des Menschen. So reagiert er üblicherweise auf vertraute oder neue Situationen.

Zwei Beispiele dazu:

Sven Weihrauch ist ein sehr selbstsicherer Mensch. Er weiß, was er will und schätzt es nicht, wenn ihm jemand in die Quere kommt. Es fällt ihm schwer, sich in Strukturen unterzuordnen. Auch unter Stress reagiert er selbstbewusst.

Katja Landwein ist da ganz anders. Sie ist ein sehr sensitiver Mensch, der eine hohe Sensibilität für Unstimmigkeiten entwickelt hat. Sie kann sich in Details verlieren. Katja braucht feste Regeln und Strukturen, um gut agieren zu können.

Der Persönlichkeitsstil wird zum Teil genetisch bestimmt und wird darüber hinaus stark durch frühe Lebens- und Lernerfahrungen geprägt. Dieser individuelle Persönlichkeitsstil lässt sich dementsprechend nur sehr schwer verändern. Wir sind, was wir sind. Aber wir sind uns auch nicht hilflos ausgeliefert, denn es gibt ja noch die Zweitreaktion.

Die Zweitreaktion enthält die Selbststeuerungskompetenzen des Menschen. Kann ich selbstbestimmt handeln? Kann ich mich selbst motivieren? Spüre ich, was mir gut tut? Kann ich widersprüchliche Botschaften in mein Selbst integrieren? Kann ich mit Misserfolgen umgehen? Hier geht es um Selbstregulation und Selbstkontrolle, um Willensbahnung und um Selbstzugang. Und diese Kompetenzen können wir trainieren und entwickeln. Selbst eine ungünstige Erstreaktion kann durch eine angemessene Zweitreaktion kompensiert werden. Wir sind unseren Eigenschaften und unserem Temperament nicht ausgeliefert, sondern können uns steuern!

Jedes Gehirnsystem ist an den Selbststeuerungkompetenzen beteiligt und spielt eine wichtige Rolle.

❗ Wir sind unseren Genen und unserer Erziehung nicht hilflos ausgeliefert, sondern können Kompetenzen entwickeln, um uns besser selbst zu steuern.

Selbststeuerungskompetenzen	
Selbstregulation (EG)	
Selbstbestimmung	Es gibt eine hohe Kongruenz zwischen eigenen Werten und Befürfnissen mit dem eigenen Handeln.
Selbstmotivation	Auch ohne bewusste Absicht oder ohne darüber nachzudenken, ist man in der Lage, aus eigenem Antrieb Dinge zu erledigen und sich selbst bei Laune zu halten.
Selbstberuhigung	Man lässt sich nicht von Unsicherheit und Angst überfluten. Auch unter Stress gelingt es, eine gewisse Gelassenheit zu zeigen. Negative Erlebnisse werden integriert und angenommen.
Selbstkontrolle (IG)	
Planungsfähigkeit	Man geht kontrolliert und überlegt vor und berücksichtig dabei Alternativen oder mögliche Schwierigkeiten.
Angstfreie Zielorientierung	Man macht sich nur wenig Sorgen, dass etwas misslingen könnte und kann so entspannt und gelassen an der Aufgabenerfüllung arbeiten.
Willensbahnung (IVS)	
Initiative	Man bringt die nötige Energie auf, um ins Handeln zu kommen bzw. andere ins Handeln zu bringen.
Absichten umsetzen	Eigene Absichten werden zielgerichtet umgesetzt. Man ist nicht anfällig für Fremdsteuerung
Konzentrationsstärke	Man kann sich auf ein Thema fokussieren und lässt sich weder von äußeren Einflüssen, noch von inneren Gedanken ablenken.
Selbstzugang (OES)	
Misserfolgsbewältigung	Man geht konstruktiv mit Misserfolgen um und lernt aus Fehlern. Es gibt keine Neigung, lang über Misserfolge nachzugrübeln.
Selbstgespür	Man kann eigene Erwartungen und Bedürfnisse von äußeren Anforderungen abgrenzen.
Integration	Widersprüchliche Empfindungen und Wahrnehmungen werden in das Selbstsystem integriert und nicht abgelehnt. Man akzeptiert, dass Menschen positive und negative Eigenschaften haben können.

Tabelle 1: Selbststeuerungseigenschaften

16.3   Motive als Antreiber

Unser Handeln wird durch Motive angetrieben. Sie geben uns Kraft und Energie, um zu handeln und unsere Ziele zu erreichen. Bewusste Ziele wirken handlungsenergetisierend. Motive können aber auch unbewusst wirken, zum Beispiel als typische Wahrnehmungsmuster, wie man soziale Situationen interpretiert. Spannend wird es dann, wenn die bewussten Motivausprägungen nicht zu den unbewussten Motivausprägungen passen.

Beispiel:

Helena Krause hält sich selbst für stark bindungsorientiert. Sie hat seit mehreren Monaten einen festen Partner, mit dem sie sich regelmäßig trifft. Sie hat sich angewöhnt, ihm mehrmals am Tag eine SMS mit kleinen Liebesbotschaften zu schicken und erwartet, dass er diese möglichst zeitnah erwidert. Sie fühlt starke Unruhe und auch Ärger, wenn die Antworten auf sich warten lassen. Im Test der unbewussten Motive zeigt sich, dass ihr Bedürfnis nach Anschluss und Bindung deutlich niedriger ausgeprägt ist, als ihr Bedürfnisse nach Kontrolle und Macht.

Eine solche Konstellation ist nicht gerade vielversprechend für eine glückliche Beziehung. Wahrscheinlich wird der Partner relativ schnell das Weite suchen. Helena Krause tut gut daran, sich über ihre eigenen Wünsche und Bedürfnisse klar zu werden. Wenn sich Frau Krause mit ihren Motivdiskrepanzen auseinandersetzt, hat sie aber gute Chancen zu erkennen, dass sie dringend etwas an ihrer Selbstberuhigungskompetenz arbeiten sollte, um den Wunsch nach Kontrolle und das damit verbundene Unbehagen in den Griff zu bekommen. Darüber hinaus wäre es wichtig, sich ein Feld zu suchen, wo sie ihr Kontrollmotiv gut und konstruktiv ausleben kann. Denn Motive sind eine wichtige Kraftquelle.

! **Bewusste und unbewusste Motive bilden die inneren Antriebskräfte. Aber sie sind nicht immer deckungsgleich. Gibt es Diskrepanzen zwischen bewussten und unbewussten Motivausprägungen, können die gegenläufigen Zugkräfte viel Kraft und Energie vernichten.**

16.4 Wie interagieren die Systeme in unserem Gehirn?

Eigentlich ist es also gar nicht so kompliziert. Jeder von uns hat einen bestimmten Persönlichkeitsstil, der zunächst einmal steuert, wie wir uns in den meisten Situationen verhalten. Der eine ist eher liebenswürdig, der andere eher eigenwillig. Manche sind eher kritisch, andere eher loyal. Da gibt es ein ganzes Spektrum unterschiedlicher Persönlichkeitsstile, die sich einerseits dadurch unterscheiden, wie emotional sie aufgeladen sind, andererseits aber auch, wie aktiv oder passiv jemand mit der Welt umgeht. Der ganz normale Alltag. Im Laufe des Lebens haben wir meist gelernt, wie wir selbst ticken und wie wir uns selbst steuern können. So kann man, wenn man einen Durchhänger hat, sich durchaus selbst motivieren, indem man sich wieder klarmacht, welchen Sinn das eigene Tun hat und sich an Erfolgserlebnisse erinnert. Wenn man sich furchtbar über jemanden aufgeregt hat und ihm am liebsten die Tastatur an den Kopf werfen würde, werden das die wenigsten von uns tun. Wir besitzen die Fähigkeit, uns selbst zu beruhigen. Wenn man sich etwas Großes vorgenommen hat und der innere Schweinehund einen davon zu überzeugen versucht, dass ein Nachmittag auf der Couch eine wesentlich attraktivere Alternative bietet, können wir Initiative ergreifen und unsere guten Absichten in die Tat umsetzen ... Die meisten von uns verfügen über Kompetenzen zur Selbststeuerung. Der eine mehr, der andere weniger. Klar ist auch – das kann man lernen!

Doch wann werden die Selbststeuerungskompetenzen denn aktiviert? Sie erfordern ja ein deutlich höheres Maß an Gehirnaktivität und wir haben gelernt: Ohne Not absolviert unser Gehirn zunächst einmal das Standardprogramm. Geht es uns aber schlecht – Achtung! Negativer Affekt! – wird das Extensionsgedächtnis, die höchste Stufe persönlicher Intelligenz, aktiviert. Es macht Wissen aus persönlichen Erfahrungen verfügbar und stellt Handlungsoptionen, Bedeutungsalternativen und Sinn vermittelnde Bezüge zu eigenen Werten, Bedürfnissen und Zielen her. Jetzt sind die Selbststeuerungskompetenzen aktiv. Unser Selbst kann also negative Affekte in den Griff kriegen. Leider gelingt das nicht immer. Wenn es einem richtig dreckig geht, reichen die Kompetenzen manchmal nicht aus, um sich selbst wieder am eigenen Zopf aus dem Sumpf zu ziehen. Dann dominiert unser Objekterkennungssystem und hält weiter nach Unstimmigkeiten, Fehlern und Ärger Ausschau. Eine stabile Persönlichkeit zeichnet sich dadurch aus, dass es ihr gelingt, auch negative Botschaften, Scheitern, Fehler, Misserfolge etc. in das eigene Selbst integrieren zu können. Nobody is perfect!

❗ Aus Fehlern kann man lernen, und Scheitern führt zur wahren ▪ Größe!

Tipp für Führungskräfte

Sie werden wahrscheinlich mit Mitarbeitern zusammenarbeiten, die sehr unterschiedliche Reifegrade aufweisen. Es ist grundsätzlich nicht Ihre Aufgabe, Mitarbeiter zu therapieren oder deren Persönlichkeit zu entwickeln. Aber Sie können durchaus für fördernde Faktoren sorgen. Denn Führungskräfte fungieren heutzutage häufig auch als Coach ihrer Mitarbeiter.

Ermöglichen Sie Ihren Mitarbeitern positive Erfahrungen. Oft wird geführt nach dem Motto: Keine Kritik ist Lob genug. Aber das dürfte den wenigsten Menschen ausreichen. Positive Erfahrungen erhöhen das Wohlbefinden und öffnen den Mitarbeiter für neue Erfahrungen. Aber schützen Sie ihn nicht vor Kritik.

• Geben Sie konstruktiv und wertschätzend Feedback. So hat Ihr Mitarbeiter die Möglichkeit, an dieser Kritik zu wachsen, indem er sein Selbst aktiviert. Manche Menschen leiden an einem angeschlagenen Selbstwertgefühl. Und hieran sind Führungskräfte oft gar nicht so unschuldig.

• Sehen Sie also durchaus auch die Stärken und positiven Seiten und sprechen Sie sie an.

So erreichen Sie ein Klima, in dem der Mitarbeiter seine Selbststeuerungskompetenzen aktivieren kann. Jetzt werden Sie möglicherweise sagen: »Was interessieren mich die Selbststeuerungskompetenzen? Der soll einfach seine Arbeit machen.« Das wäre die aufgabenorientierte Haltung (Näheres zu Führungsstilen siehe Kapitel 20). Wann machen Menschen ihre Arbeit? Erbringen Leistungen? Wenn sie ihre Potenziale nutzen und ausbauen können. Und wenn sie ihren eigenen Zielen und Bedürfnissen folgen können. Beharren Sie also nicht auf Zielen, für die Ihr Mitarbeiter erkennbar nicht motiviert ist.

---

17   Führungsaufgabe Selbstmanagement

Als Führungskraft stehen Sie ganz besonders in der Verantwortung, denn Sie sind nicht nur mit einer funktionalen wichtigen Aufgabe betraut – Sie haben auch Vorbildfunktion. Die ist zwar nicht serienmäßig in den Job eingebaut, denn Führungskräfte sind nicht per se die besseren Menschen. Aber Sie werden anders wahrgenommen als die Kollegen. Man schaut auf Sie! Umso wichtiger, dass Sie bei aller Entwicklung der Mitarbeiter nicht die persönliche Weiterentwicklung aus dem Auge verlieren und an Ihren Selbststeuerungskompetenzen arbeiten. Warum ist das für Führungskräfte besonders wichtig? Weil Führung Stress ist!

In einer umfangreichen Studie hat Helmut Hofstetter[38] nach allen möglichen Gründen für »die Leiden der Leitenden« gesucht. Führungskräfte leiden nämlich »unter Arbeitsunzufriedenheit, Angst- und Spannungsgefühlen, Mangel an Selbstachtung, Kontaktschwierigkeiten und psychosomatischen Störungen der verschiedensten Art oder gar darunter, nicht einmal (öffentlich) leiden zu ›dürfen‹«.

Die Gründe dafür liegen auf vier Ebenen:

* Jedes Individuum hat eine etwas andere Toleranz und Reaktion gegenüber Stress.

* Erwerb und Halten von Positionen sind mit psychischen und physischen Kosten verbunden.

* Unterschiedliche Ziele und Wertsysteme führen zu heftigen Interessenkonflikten.

* An das Verhalten werden so viele widersprüchliche Erwartungen gestellt, dass nur noch Flucht oder Abwehr möglich ist.

Oswald Neuberger[39] versteht Führung als »widersprüchliches Handeln« und zeigt die folgenden Spannungsfelder auf:

---

[38] Hofstetter, Helmut: Die Leiden der Leitenden, 1988
[39] Neuberger, Oswald: »Führen und geführt werden«, 5. Aufl., Stuttgart 1995, S. 91

Die Dilemmata der Führung (Neuberger, 1995)	
1. Mittel	**Zweck**
Betrachtung des Einzelnen als »Kostenfaktor«, »Einsatzgröße«, »Instrument«, »Parameter«, »Leistungsträger«	Selbstverwirklichung und Bedürfnisbefriedigung des Einzelnen als oberstes Ziel: »Mensch im Mittelpunkt«
2. Gleichbehandlung aller	**Eingehen auf den Einzelfall**
Fairness, Gerechtigkeit, Anwendung allgemeiner Regeln, keine Bevorzugungen und Vorrechte	Rücksichtnahme auf die Besonderheiten des Einzelfalls, Aufbau persönlicher Beziehungen
3. Distanz	**Nähe**
Unnahbarkeit, hierarchische Überlegenheit, Unzugänglichkeit, Statusbetonung	Wärme, »Verbrüderung«, Betonung der Gleichberechtigung, Freundschaft, Einfühlung
4. Fremdbestimmung	**Selbstbestimmung**
Gängelung, Reglementierung, Lenkung, Unterordnung, Durchsetzung, Strukturierung, Zentralisierung, enge Kontrolle, Überwachung	Autonomie, Handlungs- und Entscheidungsspielräume, Entfaltungsmöglichkeiten, Dezentralisierung, Selbstständigkeit
5. Spezialisierung	**Generalisierung**
»Fachmann« sein, um bei Sachproblemen kompetent entscheiden zu können	Einen allgemeinen Überblick und keine Detailkenntnisse haben, Zusammenhänge sehen
6. Gesamtverantwortung	**Einzelverantwortung**
Wenig Verantwortung delegieren, die Zuständigkeit an sich ziehen, für alle Fehler einstehen	Verantwortung und Aufgabengebiete aufteilen, bei Versagen Rechenschaft fordern
7. Bewahrung	**Veränderung**
Stabilität, Tradition, Sicherheit, Vorsicht, Regeltreue, Konformität, Kalkulierbarkeit	Flexibilität, Innovation, Experimentierfreude, Toleranz, Nonkonformität, Unberechenbarkeit
8. Konkurrenz	**Kooperation**
Rivalität, Wettbewerb, Konfrontation, Aggressivität, Konflikt	Harmonie, Hilfeleistung, Solidarität, Ausgleich
9. Aktivierung	**Zurückhaltung**
antreiben, drängen, motivieren, begeistern	Sich nicht einmischen, Entwicklungen abwarten
10. Innenorientierung	**Außenorientierung**
Sich auf interne Gruppenbeziehungen konzentrieren, Mittelpunkt, Indentifikationszentrum sein	Repräsentieren, Außenkontakte pflegen, Gruppeninteressen gegenüber Dritten durchsetzen
11. Zielorientierung	**Verfahrensorientierung**
Lediglich Ziele oder Ergebnisse vorgeben und kontrollieren	Die »Wege zum Ziel« vorgeben und kontrollieren
12. Belohnungsorientierung	**Wertorientierung**
Tauschbeziehung etablieren, mit Belohnung/Bestrafung operieren, Kurzzeitperspektive	Auf die Verinnerlichung von Normen und Werten dringen, Belohnungsaufschub fordern, Langzeitperspektive
13. Selbstorientierung	**Gruppenorientierung**
Die eigenen Interessen und Ziele verfolgen	Kompromisse/übergordnete Ziele anstreben

Tabelle 2: Führungs-Dilemmata nach Neuberger

Widersprüchliche Anforderungen erzeugen Stress. Erleichterung schafft dreierlei: das Tun reflektieren und im Übrigen versuchen, Handlungs- und Gestaltungs-Spielräume zu nutzen. Oder anders: Zumutungen oder Bedrohungen aufnehmen und mit sinnvollen Entwürfen kontern. Auch Humor ist eine wunderbare Bewältigungsstrategie, um Stress zu begegnen und Widersprüche aufzulösen.

Funktionierende Selbststeuerungskompetenzen helfen, mit den verschiedenen Zugkräften fertig zu werden, ohne sich selbst dabei zu verlieren. Ein gangbares Annäherungsziel dabei ist die Förderung der eigenen Autonomie. Autonomie bedeutet:

• eigene Gefühle und Bedürfnisse spüren zu können

• Anforderungen von außen erkennen und sich davon distanzieren zu können

• Achtsamkeit mit sich selbst und mit anderen zu zeigen

• Alternativen erkennen zu können

• Offenheit für andere Wahrnehmungen und Realitätskonstruktionen zu zeigen

• für sich selbst und seine Bedürfnisse einzustehen

• etwas loslassen zu können

• bei sich zu bleiben, wenn es hart auf hart kommt

Keine Selbstverwirklichung auf Kosten anderer, keine Pflichterfüllung bis zur Selbstaufgabe – in Balance zu sein mit sich und der Welt, mit den eigenen Bedürfnissen, mit den eigenen Emotionen, Kognitionen und spirituellen Anteilen. Wie Ihnen das gelingt? Nun, das ist Stoff für ein anderes Buch.

❗ Dem Stress der Führungsrolle kann man mit guten Selbststeuerungskompetenzen begegnen. Die vorrangige Führungsaufgabe ist deshalb, sich selbst zu führen!

An dieser Stelle sei vielleicht ein Blick erlaubt zu den Führungskräften, die weniger als Vorbild fungieren, die aber leider gar nicht so selten sind. Denn auch Manager sind vor Neurosen nicht gefeit.

Narzissmus ist eine Charaktereigenschaft, die sich durch ein geringes Selbstwertgefühl bei gleichzeitig übertriebener Einschätzung der eigenen Wichtigkeit und dem großen Wunsch nach Bewunderung auszeichnet. ... (Quelle: Wikipedia)

Kommt Ihnen das bekannt vor? Management-Funktionen liefern eine gute Plattform für Narzissten: Man bekommt die Bestätigung, die man braucht und kann sich ein perfektes Umfeld von Ja-Sagern schaffen. Es kommt weniger auf Leistung an, als auf äußere Erscheinung, Elan und gewinnendes Auftreten. Das Problem mit Narzissten ist, dass sie häufig Krisen erst mitbekommen, wenn es bereits zu spät ist (Niemand mag Überbringer von schlechten Nachrichten sein, wenn die Boten als Erste geköpft werden!). Auch sind sie in der Regel beratungsresistent und für Kritik unempfänglich. Doch reagieren aber durchaus wohlwollend auf Vorschläge und Anregungen, die man ihnen in den Mund legt. Von daher kann man mit Narzissten durchaus arbeiten, wenn das eigene Bedürfnis nach Selbstwerterhöhung nicht sehr stark ausgeprägt ist. Einen größeren Bogen macht man allerdings besser um die folgenden Kandidaten! Nach aktuellen Studien soll es auch einen immer größeren Anteil von echten Psychopathen im Management geben. Klassische Wesenszüge von Psychopathen: hochintelligent, schlagfertig, egozentrisch, gefühllos und manipulativ. Merkmale, die laut dem Industriepsychologen Babiak[40] auch so mancher Unternehmenslenker aufweist. »Etwa ein Prozent der Manager«, schätzt Babiak, »sind klinische Psychopathen.« Mit Ehrgeiz und rücksichtsloser Durchsetzungsfähigkeit machen sie Karriere – ohne Rücksicht auf Verluste oder Kollateralschäden. Dabei sind sie meist – zumindest kurzfristig – durchaus erfolgreich. Denn sie verfügen über die perfekte Sanierermentalität, können auch harte Einschnitte durchsetzen. (Und die Übernahme einer Führungsaufgabe ist auf jeden Fall sozial deutlich akzeptabler als Gewaltverbrechen!). Aber man sollte sich bewusst sein: Wer nicht in der Lage ist, eigene Gefühle und Gefühle anderer Menschen zu spüren (und sie spüren sie wirklich nicht!), dem fehlen nicht nur echte Leader-Qualitäten.

Mit Narzissten kann man notfalls zusammenarbeiten, bei Psychopathen sollten Sie die Flucht ergreifen.

Es ist bemerkenswert, dass Psychopathen mit hoher Wahrscheinlichkeit ein Assessment Center bestehen. Sie passen perfekt ins gewünschte

---

[40] Babiak, Paul & Hare, Robert D.: »Menschenschinder oder Manager: Psychopathen bei der Arbeit«. Carl Hanser Verlag 2007

Bild. Vielleicht ist es an der Zeit, nicht nur die Selbststeuerungskompetenzen der Führungskräfte in den Fokus zu nehmen, sondern auch das Werte- und Orientierungssystem in der Wirtschaft.

Literaturempfehlungen zur Vertiefung des Themas
• Kuhl, Julius: »Motivation und Persönlichkeit – die Interaktion psychischer Systeme.« Hogreve, 2001
• Storch, Maja & Kuhl, Julius: »Die Kraft aus dem Selbst.« Huber, 2011

Wenn Sie sich intensiver mit Ihren Selbststeuerungskompetenzen auseinandersetzen möchten, können Sie unter www.impart.de einen Selbsttest (SSI und HAKEMP) durchführen. Dort finden Sie auch Ansprechpartner für einen persönlichkeitsorientierte Beratung.

Selbstreflexion und Forschungsfragen

Welche Stressfaktoren spüre ich selbst?

_____

_____

Wie gehe ich mit dem Stress um?

_____

_____

Welchen Einfluss hat er auf mein Führungsverhalten?

_____

_____

Wie sehen meine Fähigkeiten zur Selbststeuerung aus? –
Nutzen Sie dazu den Fragebogen.

_____

_____

Worauf sollte ich zukünftig verstärkt achten?

_____

_____

Selbsteinschätzung meiner Selbststeuerungskompetenzen					
	immer	meistens	mal so, mal so	wenig	nicht
Ich kenne meinen Körper und spüre direkt Anspannungen oder Druckgefühle.	○	○	○	○	○
Ich weiß, was mir gut tut, und was nicht.	○	○	○	○	○
Ich kann mich an kleinen Dingen erfreuen.	○	○	○	○	○
Ich spüre Dankbarkeit, wenn ich mir bewusst mache, wie mein Leben verlaufen ist.	○	○	○	○	○
Ich bin in der Lage, Kritik gut zu verarbeiten.	○	○	○	○	○
Wenn ich einen Misserfolg erlebe, ärgere ich mich zwar, versuche aber, das beste daraus zu machen und nach einer Lösung zu suchen.	○	○	○	○	○
Wenn ich etwas Neues beginne, bin ich optimistisch, dass es mir gelingt.	○	○	○	○	○
Wenn ich einen Durchhänger habe, komme ich schnell wieder aus dem Loch heraus.	○	○	○	○	○
Wenn ich mir etwas vornehme, packe ich es auch schnell an.	○	○	○	○	○
Ich habe Lust auf Neues und finde Herausforderungen spannend.	○	○	○	○	○
Wenn ich Probleme auf mich zukommen sehe, packe ich die Sache konsequent an und stelle mich dem Problem.	○	○	○	○	○
Ich weiß, was ich will und wo für mich die Reise hingehen soll.	○	○	○	○	○
Ich lasse mich nicht zu etwas überreden, das ich nicht will.	○	○	○	○	○
Wenn ich mich aufrege oder sehr verärgert bin, gelingt es mir, mich selbst zu beruhigen.	○	○	○	○	○
Auf Stress reagiere ich mit Gelassenheit.	○	○	○	○	○
Ich packe meine Aufgaben konsequent an und plane die Umsetzung.	○	○	○	○	○
Es fällt mir nicht schwer, mich auf ein Thema zu konzentrieren und dranzubleiben.	○	○	○	○	○
Ich schätze mich selbst, auch mit meinen Fehlern.	○	○	○	○	○
Wenn mir jemand eine negative Seite von sich zeigt, vergesse ich nicht, dass er auch positive Seiten hat.	○	○	○	○	○
Wenn ein Vorhaben gescheitert ist, halte ich mich nicht lange mit Grübeleien auf.	○	○	○	○	○
Ich lasse mich nicht leicht ablenken, wenn ich mit etwas beschäftigt bin.	○	○	○	○	○
Ich stehe hinter den Zielen, die ich verfolge.	○	○	○	○	○

Wenn sich Ihre Antworten im grau unterlegten Bereich finden, verfügen Sie über gute Selbststeuerungskompetenzen. Falls das eher nicht der Fall ist oder einzelne Anworten bei »wenig« oder »nicht« liegen, kennen Sie nun Ihr Entwicklungspotenzial. Das wären dann beispielsweise gute Themen für einen Coachingprozess.

18   Der Mensch im Team

Wenn man heute Stellenanzeigen liest, ist Teamfähigkeit eine der am häufigsten genannten Wunscheigenschaften der Personaler. Teamfähigkeit – was soll das eigentlich sein? So ganz klar ist diese Frage kaum zu beantworten, zumal gute Teams aus den unterschiedlichsten Menschen bestehen. Klar ist: In den letzten Jahrzehnten hat die Teamarbeit einen großen Boom erfahren. Produktionsbereiche wurden auf Gruppenarbeit umgestellt, grenz- und zeitzonenüberschreitend wird in Konstruktionsteams geplant und konstruiert und Kreativ-Teams entwickeln gemeinsam die besten Kampagnen. Eine Befragung von Führungskräften ergab als Kennzeichen erfolgreicher Teams:

• Sie leisten mehr, auch unter schwierigen Bedingungen und

• die Teammitglieder bilden eine Verantwortungsgemeinschaft und setzen sich gemeinsam offensiv mit Problemen auseinander.

Damit dürfte schon klar sein, dass nicht jede Gruppe unbedingt ein Team ist.

Bevor wir hier einsteigen aber noch einige Worte zur Klärung. In der Sozialpsychologie hat man sich vor allem mit der Dynamik menschlichen Verhaltens in Gruppen beschäftigt. Eine Gruppe sind laut Definition zwei oder mehr interagierende Personen, die gemeinsame Ziele teilen, eine stabile Beziehung haben, in gewissem Grad von einander abhängig und sich ihrer Gruppenzugehörigkeit bewusst sind. Damit entspricht diese Definition dem, was man auch üblicherweise im Unternehmen unter einem Team versteht. Doch Gruppenverhalten entsteht manchmal unter sehr viel reduzierteren Bedingungen, nämlich bereits im losen Zusammenschluss mehrerer Menschen. Auch aus dem Verhalten solcher losen Gruppenzusammenschlüsse lernen wir viel über Teamverhalten. Denn jedes Team ist eine Gruppe.

Doch was ist dran am Mythos »Ein Team ist mehr als die Summe seiner Mitarbeiter«? Ist in der Gruppe wirklich besser arbeiten als im stillen Kämmerlein? Und vor welche Führungsherausforderung setzt ein Team die Führungskraft? Worauf ist zu achten?

18.1 Was Teams erfolgreich macht: Rudelbildung und anderes Instinktverhalten

Vielleicht ist es Ihnen ja auch schon einmal aufgefallen: Menschen verhalten sich allein häufig völlig anders als in einer Gruppe.

Beispiel:

Heute morgen spricht Otto Meyer, Vertriebsleiter, mit dem Projektmitarbeiter Klaus Handschuh. Es geht um ein Problem beim Kunden Warehouse AG. Die Software weist noch erhebliche Fehler auf und es gibt immer wieder Reklamationen. Otto Meyer hat den Wunsch, dass Klaus Handschuh in der nächsten Woche drei Tage beim Kunden direkt vor Ort arbeitet, um schnell und unkompliziert die gröbsten Bugs zu beheben. Damit sich Herr Handschuh nicht beim Projektmeeting mit dieser Forderung überfahren fühlt, hat Herr Meyer beschlossen, ihn vorab zu informieren und sein Einverständnis dazu abzuholen. Klaus Handschuh ist nicht gerade begeistert, da er gerade bei einem zweiten Projekt in einer kritischen Phase steht, lässt sich aber von der Notwendigkeit des Einsatzes überzeugen. So geht Herr Meyer recht entspannt in die Lösungsbesprechung mit dem Projektteam, da er ja die Lösung schon in der Tasche hat. Doch zu seiner Überraschung läuft die Besprechung keineswegs so, wie geplant. Mehrere Teilnehmer des Projektteams bemängeln unklare Absprachen und Anforderungen im Vorfeld, die nun zu den Problemen geführt haben, da keine Zeit für die Qualitätssicherung bestand. Auch Klaus Handschuh schlägt in diese Kerbe. Der Vorschlag von Meyer zum ungeplanten »Trouble Shooting« ist schnell vom Tisch. Stattdessen wird der Vorschlag gemacht, dass Meyer mit dem Kunden ein Krisengespräch führt und die Mehraufwände nachbudgetiert werden. Otto Meyer ist ziemlich verärgert, dass Klaus Handschuh nicht offensiv für seinen Vorschlag eingetreten ist, zumal er im Einzelgespräch völlig überzeugt wirkte. Darauf angesprochen, zuckt Handschuh nur mit den Schultern. Das Projektteam sei ja anderer Meinung gewesen. Das würde so ja auch eigentlich keinen Sinn machen.

Was ist hier passiert? Eine individuelle Entscheidung wurde im Rahmen einer Teamdiskussion revidiert. Und das passiert relativ häufig. Doch lassen Sie uns einmal genauer hinschauen, welche Phänomene in Gruppen passieren.

Dabei laufen die typischen gruppendynamischen Prozesse erst ab drei Personen ab. Umfasst eine Gruppe mehr als etwa 15 Personen, bilden sich

Untergruppen. Und ab wie viel Personen ist eine Gruppe keine Gruppe mehr? Das ist schwer zu definieren und hängt sicherlich auch von der immanenten Dynamik innerhalb der Gruppe ab. Ab einer gewissen Größenordnung haben wir es eher mit einer Masse zu tun, als mit einer Gruppe.

Im Unternehmensalltag trifft man auf Gruppen in Form von Teams, Projektgruppen oder Abteilungen. Aber auch informelle Gruppen spielen in Unternehmen eine Rolle: die Raucher, die sich regelmäßig in der Cafeteria treffen, die Kollegen aus dem gleichen Ort, die auch schon mal gemeinsam fahren, die Ehemaligen ... Wir leben und arbeiten in Beziehungen.

Mitglied einer Gruppe zu sein, hat viele Vorteile:

- Die Gruppenzugehörigkeit kann psychologische und soziale Bedürfnisse wie Aufmerksamkeit und Zugehörigkeitsgefühl befriedigen.

- In der Gruppe kann man gemeinsam mit anderen Ziele erreichen, die, ist man allein unterwegs, außerhalb der Reichweite liegen.

- Man wird mit Informationen und Wissen versorgt.

- In der Gruppe fühlt man sich stärker. Das Sicherheitsbedürfnis wird erfüllt.

- Mitglied einer bestimmten Gruppe zu sein, kann eine positive soziale Identität etablieren. Man gehört dazu. Und nichts verbindet mehr, als ein gemeinsames Feindbild.

Das sind wichtige Faktoren für das persönliche Wohlbefinden wie auch für das Zusammenwirken von Teams. Hier werden Synergien geschaffen.

❗ Teil einer Gruppe zu sein, hat viele Vorteile. Man fühlt sich als Teil eines Ganzen. Das gibt Sicherheit und Geborgenheit.

Deshalb erhofft man sich in der Arbeitsorganisation von Teams in der Regel bessere Lösungen als von Einzelkämpfern. Doch ist das immer so?

Gruppen funktionieren und beeinflussen ihre Mitglieder über verschiedene Faktoren:

Rollen

Jeder hat in der Gruppe seinen Platz und übernimmt damit eine Rolle. Sie definiert in gewisser Weise, welches Verhalten die anderen Gruppenmitglieder von einem erwarten. Als Leiter der Gruppe hat man anderen Anforderungen und Erwartungen gerecht zu werden, als das einfache Teammitglied. Dabei gibt es auch Rollen, die weniger funktional sind wie die des Gruppenleiters, sondern eher sozial wie die des »Teufels-Advokaten« oder des »Sündenbocks«. Der »Teufels-Advokat« hat die Aufgabe, kritische Fragen zu stellen, nichts einfach hinzunehmen und für Unruhe zu sorgen. Wenn man Pech hat und die Akzeptanz für diese Rolle fehlt, wird man schnell vom »Teufels-Advokaten« zum »Querulanten«. Und dann ist möglicherweise der Weg zum »Sündenbock« auch nicht mehr weit. Viele Gruppen etablieren einen Sündenbock, der im Zweifel kritisch beäugt und gerne als Schuldiger identifiziert wird. Hier muss man aufpassen. »Sündenböcke« mutieren schnell auch schon einmal zum Mobbingopfer in der Gruppe.

Es kann passieren, dass die eingenommene Rolle derart verinnerlicht wird, dass Verbindungen zum Selbstkonzept und zur Selbstwahrnehmung entstehen, und die Rolle so auch das Verhalten außerhalb der Gruppe formt. Das kann durchaus für das Umfeld problematisch sein, weil dieses mit anderen Rollenerwartungen unterwegs ist.

Beispiel:

Claudia Conrad hat die Rolle der Projektleiterin und führt ihr Team mit klarer und deutlicher Sprache. Da wird nicht lange gefackelt. Ab und zu ertappt sie sich auch im privaten Alltag, dass sie ihrem Ehemann Anweisungen erteilt, auf die dieser mit Irritation und Ärger reagiert. Es gibt inzwischen häufiger eheliche Diskussionen über das Zusammenleben. Der dadurch bei Claudia Conrad erlebte Stress verstärkt eher noch die für das Eheleben wenig zielführenden Muster.

Normalerweise hat jeder von uns mehrere Rollen inne: eine Rolle innerhalb der Gruppe, Rollen im Unternehmen wie »Kollege«, »Strategieverantwortlicher« etc., Rollen im Freundskreis wie »Organisator«, »Gastgeber«, Rollen im Hobby wie »Vorsitzender des Tennisvereins« und Rollen im Privatleben wie »Sohn« oder »Tochter«, »Elternteil«, »Lebenspartner« etc. Manchmal gibt es einen Rollenkonflikt bei zwei zunächst anscheinend inkompatiblen Rollen, z. B. »Mutter« und »Karrierefrau«. Rollenklarheit hilft dabei, die Verantwortungen und Verpflichtungen zu klären. Die Kunst liegt darin, die verschiedenen Rollen in Balance zu halten und entsprechend auch Prioritäten zu setzen.

In einer Gruppe ist es wichtig, dass die unterschiedlichen Rollen besetzt sind. Nur Häuptlinge und keine Indianer, das funktioniert nicht.

Status

Die einzelnen Rollen haben unterschiedlichen Charakter bei Status und Prestige. Es ist natürlich ein großer Unterschied, ob man eher in der Führungsrolle ist oder eher zum Heer der Ausführenden gehört. Der soziale Rang hat Einfluss auf unser Verhalten und das (gewünschte) Verhalten der anderen uns gegenüber. Bevor man nun aber um jeden Preis um eine bestimmte Rolle kämpft, sollte man sich überlegen, inwieweit die mit den Rollen verbundenen Verpflichtungen und Anforderungen wirklich zu einem selbst passen und ob man nicht in einer anderen Rolle zufriedener wäre. Es gibt durchaus auch Führungskräfte, die nach Übernahme von Führungsverantwortung feststellen mussten, dass sie sich in der Expertenrolle deutlich wohler und sicherer fühlten. Das konkrete Tun, in der Expertise sein, konkrete Arbeitsergebnisse sehen – daher kam die Motivation. Der Weg zurück ist bei den meisten Unternehmen versperrt oder zumindest mit Gesichtsverlust verbunden.

In einer Gruppe ist es notwendig, dass alle Rollen als wichtig im Gesamtgetriebe wahrgenommen und gewürdigt werden.

Normen

In jeder Gruppe gibt es Regeln, um das Verhalten der Gruppenmitglieder zu regulieren. Manche sind fest vereinbart und bewusst, manche sind eher unterschwellig vorhanden.

So kann beispielsweise eine ausformulierte Regel sein, dass keine negativen Informationen aus dem Team nach außen dringen dürfen. Eine implizite Regel kann sein, dass man am besten den Mund hält, wenn man anderer Meinung ist als der informelle Führer Klaus D.

Da Normen auch oft als Grundvoraussetzung zur Gruppenzugehörigkeit angesehen werden, befolgen sie auch die meisten Mitglieder. Das muss für die Gruppe nicht immer sinnvoll sein und im Zusammenspiel mit anderen Teams ist es häufig kontraproduktiv. Wenn wir im späteren Verlauf über Gruppenleistungen sprechen, wird man sehen, dass gerade implizite Normen häufig über die Qualität der Leistungen entscheiden.

Kohäsion, Zusammenhalt

Dazu zählen alle Faktoren, die das Verbleiben in der Gruppe bewirken, wie die Sympathie für die anderen Mitglieder (nicht unbedingt für sie persönlich, aber für ihre Zugehörigkeit zur Gruppe), Kollegialität, Wunsch nach Statuserhöhung, gemeinsame Ziele, etc ...

Beispiel:

Als das neue Projekt zur SAP-Einführung etabliert wurde, legte der Geschäftsführer großen Wert darauf, das Projektteam gut auf die Schiene zu bringen. Ein Kick-Off wurde veranstaltet, bei dem auf die Projektziele eingeschworen wurde. Das Team konnte sich kennenlernen, man ging zusammen in einen Klettergarten, den man nur gemeinsam bewältigen konnte. Alle Teammitglieder erhielten passende knallrote T-Shirts und Mützen mit der Aufschrift »We go SAP!«

Es dauert immer eine Zeit, bis sich ein Team wirklich gefunden hat und arbeitsfähig ist. Durch teambildende Maßnahmen, wie im Beispiel geschildert, kann man einen solchen Findungsprozess aber forcieren.

Teambildung

Aus dem losen Zusammenschluss von Menschen kann ein Team entstehen. Man geht davon aus, dass Teams, die sich neu bilden, zunächst drei Phasen durchlaufen müssen, bis sie in Phase 4 tatsächlich als Team gut funktionieren. In der ersten Phase lernt man sich kennen, geht freundlich, aber auch vorsichtig miteinander um. In der zweiten Phase kommt es zu Reibungen. Man ärgert sich darüber, wie der andere die Sache anpackt, fühlt sich vielleicht selbst nicht ernst genommen, oder merkt, dass man mit einem anderen Menschen nicht wirklich zurechtkommt. Das ist die Kampfphase. Diese muss überwunden werden, um arbeitsfähig zu sein. Das passiert in Phase 3, der Organisationsphase. Hier werden Regeln aufgestellt, Zuständigkeiten verteilt, Spielregeln definiert. Erst wenn das gelungen ist und auf allgemeine Akzeptanz stößt, beginnt Phase 4, die Arbeitsphase.

❗ Jedes Team ist eine Gruppe, aber nicht jede Gruppe ein Team!
▪ Es bedarf Zeit, um ein erfolgreiches Team zu bilden.

18.2   Warum Gruppendruck Probleme bereitet

Wenn ein Team gut funktioniert, kann es eine eigene Dynamik entfalten, nämlich Konformität. Damit ist der soziale Einfluss gemeint, durch den Menschen ihre Einstellungen oder ihr Verhalten ändern, um mit sozialen Normen übereinzustimmen.

So kann eine soziale Norm in einer Abteilung sein: »Der Prozess wird nicht verändert und deshalb auch nicht kritisiert« oder »Wir frühstücken jeden Freitag alle zusammen!«.

Soziale Normen sind präzise, implizite oder auch unausgesprochene Regeln, die Teamkollegen vorgeben, welches Verhalten in welchen Situationen von ihnen erwartet wird oder angemessen ist. Einige sind sinnvoll, da sonst soziales Chaos entsteht. Andere dagegen sind kontraproduktiv. Besonders deutlich zeigte das ein Experiment von Asch.

Experiment zur Sache (Salomon Asch, 1955)

Die Teilnehmer an der Untersuchung sollten 18 Mal entscheiden, welche von drei Vergleichslinien genauso lang war wie eine Referenzlinie. Bei jedem Durchgang war jeweils eine Linie exakt so lang wie die Vergleichslinie, die anderen waren entweder deutlich länger oder kürzer.

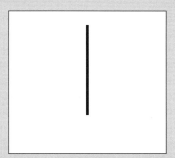 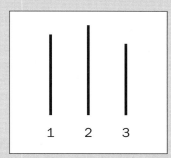

Jeweils sieben bis neun Teilnehmer nahmen an der Untersuchung teil, aber nur eine war eine echte Versuchsperson, die anderen Teilnehmer waren Verbündete des Versuchsleiters. Die Versuchsperson saß in einer Reihe mit den anderen auf der letzten Position, sodass sie ihr Urteil als letzte abgeben musste. Alle sollten ihr Urteil laut sagen. In sechs Durchgängen gaben die Mitarbeiter richtige Antworten, in den zwölf darauffolgenden falsche. Die Versuchsperson hatte also zu entscheiden, ob sie sich der objektiv falschen Gruppenmeinung anschließen wollte oder ihrer eigenen Wahrnehmung folgt und gegen die Gruppe ein eigenes Urteil abgibt.

Im Vergleich zu einer Fehlerquote von 0,7 Prozent in einer Kontrollgruppe, lag sie in der Experimentalgruppe bei 37 Prozent, d. h. in mehr als einem Drittel der Fälle entschieden sich Versuchspersonen, immer mit der Gruppe, aber gegen besseres Wissen zu stimmen. 70 Prozent der Versuchspersonen verhielten sich zumindest in einem kritischen Durchgang konform.

Die Ergebnisse zeigen den enormen Einfluss einer offensichtlich falschen aber einstimmigen Majorität auf die Urteile von Einzelpersonen.

Die Ergebnisse dieser Studie sind deshalb so erstaunlich, weil kein Druck auf die Versuchspersonen ausgeübt wurde, sich der Meinung der Mehrheit zu unterwerfen. Es wurden auch keine Belohnungen für gruppenkonformes Verhalten gegeben oder gar Bestrafung für Individualität angedroht.

Nicht jeder Mensch ist gleichermaßen anfällig für Konformität. In dem Experiment von Asch erwies sich, dass rund ein Viertel der Versuchspersonen in keinem Fall mit der Mehrheit stimmte, sondern bewusst zu den eigenen Wahrnehmungen stand. Allerdings zeigte sich ebenso, dass ungefähr ein Drittel aller Personen im Zweifelsfall lieber die eigenen Wahrnehmungseindrücke verleugnete und sich der Mehrheit anschloss. »Angesichts der Macht, über die eine Majorität bei der Kontrolle von Möglichkeiten und Verstärkern verfügt, ist das Ausmaß an Konformität, das auf allen Ebenen unserer Gesellschaft existiert, nicht überraschend. Bemerkenswert ist dagegen, wie es jemand fertigbringt, sich der Vorherrschaft der Gruppe zu entziehen oder wie etwas Neues – gegen die Norm Gerichtetes – zustande kommen kann.« (Zimbardo, S. 462)[41]

! Die Neigung zur Konformität ist weit verbreitet.
■ Hierzu bedarf es keines großen Drucks von außen.

Bei dem Asch-Experiment ist aber auch zu bedenken, dass es sich nicht wirklich um eine Gruppe oder ein Team handelte, sondern um sieben bis neun willkürlich zusammengekommene Menschen. Es ist nicht anzunehmen, dass das allein bereits zu einer sozialen Identität führte, die für den einzelnen subjektiv wichtig war. Und doch gab es bereits hier

---

[41] Zimbardo, P. G. & Ruch, F. L.: »Lehrbuch der Psychologie«. Springer Verlag.

dieses starke Konformitätsstreben beförderte. Man kann davon ausgehen, dass der Konformitätsdruck in einem gewachsenen Team noch
ungleich höher ist. Denn Gruppen und auch Teams folgen in der Regel
eigenen Normen und Regeln. Diese sind systemerhaltend. Weicht eine
Person von der Gruppennorm ab, macht sich schnell ein unangenehmes Gefühl bei ihr breit, ein Gefühl der Ächtung. Nicht selten wird das
»störende« Verhalten zukünftig unterlassen. Denn Abweichlertum wird
geahndet. Wenn man nicht aufpasst, findet man sich schnell in der Rolle des »Sündenbocks« wieder. Da gehört schon menschliche Größe dazu, gegen die Meinung der anderen zu agieren. Vielleicht hat man Glück,
denn betrifft es nur eine einzelne Person, werden solche Abweichungen
von der Gruppe eventuell noch als »Schrullen« abgetan. Findet diese
Person aber in der Gruppe einen Verbündeten, kann es dazu kommen,
dass aus der Schrulle so etwas wie eine soziale Bewegung entsteht und
ein breiter Veränderungsprozess in Gang kommt.

Doch wer sind diese Menschen, die auf den Kaiser zeigen und schrei-
en: »Der Kaiser hat gar keine Kleider.«? Möglicherweise zeigen sich hier
unterschiedliche Persönlichkeitsstrukturen. Riemann und Thomann unterscheiden beispielsweise zwischen Menschen, die nach Dauer oder
nach Wechsel streben und auf einer anderen Ebene nach Nähe oder
Distanz.[42] Kohäsion und Konformität in der Gruppe sind eher auf Dauer und Nähe ausgelegt, als auf Wechsel und Distanz.

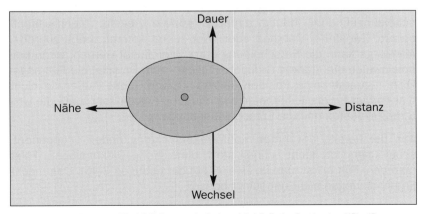

Abb. 9: Riemann-Thomann-Modell:[43] Gruppen befinden sich häufig im Quadranten Nähe/Dauer.

---

[42] Thomann, Christoph & Schulz von Thun, Friedemann: »Klärungshilfe: Konflikte im Beruf«, 2004
[43] Mit freundlicher Genehmigung von Karl Heinz A. Lorenz und dem Lorenz Verlag Elmstein

Tipp für Führungskräfte

Teams sind von ihrer Grundkonstellation her nicht innovativ. Im Gegenteil. Dafür haben sie aber andere Vorteile: Hat ein Team sich erst einmal eingeschwungen, entstehen die gerne gesehenen Synergieeffekte. Was Innovationen verhindert, ermöglicht andererseits ein hocheffizientes gemeinsames Arbeiten.

Aber bei kontinuierlichen Verbesserungsprozessen zeigt sich häufig, welche bremsenden Faktoren Teamnormen und Regeln haben. Selbst, wenn Schwachstellen von Einzelnen deutlich erkannt werden, ist das Team selbst kaum in der Lage, effizient gegenzusteuern. Es wird sich vermutlich eher selbst in seinem ineffizienten Handeln bestärken. Hier kann ein externer Blick sehr hilfreich sein.

18.3 Warum Gruppenentscheidungen oft falsch sind

Konflikte vermeiden

Entscheidungsprozesse in der Gruppe laufen in der Regel so ab, dass man versucht, alle Informationen zu kombinieren und zu integrieren, um einen möglichen Handlungsweg zu finden. Dabei gelten für die Entscheidungsfindung häufig einfache soziale Regeln: Mehrheitsentscheid, Zweidrittel-Mehrheit oder »Wer zuerst kommt, mahlt zuerst!«. Allerdings kann die Entscheidung stark beeinflusst werden, wenn beispielsweise ein starkes Gruppenmitglied – zum Beispiel die Führungskraft – zuerst seine Position darlegt. Obwohl diese Äußerung nicht bindend ist für die Teilnehmer, beeinflusst sie doch sehr stark die weitere Diskussion und die Entscheidungsfindung.

Aus der bereits erwähnten Konformitätsneigung finden Gruppenentscheidungen oft recht schnell statt, ohne große Diskussionen. Folgt man dem Führer, ist man im Zweifel auf der richtigen Seite. Das macht Entscheidungen nicht unbedingt besser.

❗ Wenn Gruppen konsequent Auseinandersetzungen vermeiden, ■ leidet die Arbeitsqualität.

Neigung zu Extremen

Nun mag man meinen, dass Entscheidungen nach Gruppendiskussionen maßvoller sind als Einzelentscheidungen. Doch dem ist nicht so! Im Gegenteil: Gruppen neigen eher dazu, extreme Positionen einzunehmen als Individuen. Dabei wird die Einzelmeinung durch die Gruppe deutlich verstärkt und polarisiert.

Beispiel:

In der Tagschicht der Produktlinie ist man sich einig: Wenn die Nachtschicht die Übergabe vernünftig vorbereiten würde, hätte man zum Tagesstart viel weniger Probleme. Einzelne Maschinen sind nicht gesäubert, Defekte werden nicht behoben. »Stattdessen machen die sich nachts einen sonnigen Lenz! Und wir können deren Dreck wegräumen«, so lautet das Fazit bei der Gruppenbesprechung. Doch so soll es nicht weitergehen. Einer schlägt vor, den Meister zu informieren, doch das wird mit der Begründung abgelehnt, das hätte in der Vergangenheit nur kurzfristig zu Verbesserungen geführt. »Man muss es denen mit gleicher Münze heimzahlen.« Und schon werden Ideen generiert, wie man den Kollegen auf der Nachtschicht das Leben schwermachen kann. Natürlich hat das keiner ernst gemeint und man entscheidet sich dann doch gemeinsam, den Werksleiter einzubinden. Doch tatsächlich gab es im Folgenden einige Akte direkter Sabotage, die in der Nachtschicht zu Leistungseinbrüchen führten und die Zielerreichung unmöglich machte. Die Stimmung zwischen den Schichten verschlimmerte sich.

Ein möglicher Grund für diese Polarisierung liegt möglicherweise im Bedürfnis nach Selbstwerterhöhung. Und im sozialen Vergleich. Jeder will »besser« sein als die anderen (in extremen Gruppen – noch extremer sein, im liberalen Umfeld – noch liberaler). Ein klassisches Experiment zu Gruppen- und Rollenverhalten wurde von Philip Zimbardo durchgeführt. Es ging als »Stanford prison experiment« in die Geschichte der Sozialpsychologie ein und wurde inzwischen sogar in Deutschland verfilmt.

Experiment zur Sache (Zimbardo, 1971, »Stanford prison experiment«[44])

Zimbardo sucht per Zeitungsannonce Freiwillige für ein Experiment. Diese wurden zunächst getestet, um Menschen mit psychischen oder physischen Störungen oder Suchtproblemen auszuschließen. Den übrig gebliebenen 24 Versuchspersonen wurden nach dem Zufallsprinzip die Rolle von Wärtern bzw. Gefangenen zugeteilt. Die »Gefangenen« wurden im Laufe des Tages auf der Straße verhaftet und mit Polizeiwagen (die Polizei unterstützte das Experiment und beriet auch beim Bau des »Gefängnisses«) ins Gefängnis gebracht, wo sie fachgereicht identifiziert und inhaftiert wurden. Die Wächter bekamen die ihrer Rolle entsprechende Uniform und sollten sich rollengemäß verhalten und alles tun, was notwendig ist, um Recht und Ordnung aufrechtzuerhalten. Die Gefangenen wurden in Zellen eingeschlossen.

Bereits nach einem Tag wurde aus dem Spiel ernst. Die Wächter begannen die Gefangenen zu demütigen, die Gefangenen rebellierten bzw. zeigten apathisches Verhalten. Obwohl für zwei Wochen geplant, musste das Experiment nach sechs Tagen abgebrochen werden.

Die Versuchspersonen identifizierten sich sehr schnell mit ihrer jeweiligen Rolle und wurden zu dem, was sie darstellen sollten. Hier wurde anscheinend auch der Versuchsleiter infiziert. »In only a few days, our guards became sadistic and our prisoners became depressed and showed signs of extreme stress«, schildert Zimbardo die Auswirkungen.[45] Nach seiner Schilderung brach er das Experiment erst ab, nachdem er sich mit seinen Mitarbeitern ernsthaft mit der Frage auseinandersetzte, wie man die Meuterei verhindern könne und man sogar die Polizei zur Unterstützung eingeschaltet hatte (die da allerdings nicht mitmachte!). Ein befreundeter Forscher stellte die Frage: »Was ist eigentlich die unabhängige Variable in der Studie?« Erst durch diese Intervention gelang es Zimbardo selbst, sich mental aus seiner Rolle des »Gefängnisdirektors« zu befreien und wieder in seine Versuchsleiterrolle zu schlüpfen.

---

[44] http://www.prisonexp.org/
[45] http://www.prisonexp.org/

Heute wäre die Durchführung eines solchen Experiments aus ethischen Gründen nicht mehr möglich. Aber es hat wichtige Erkenntnisse geliefert, die auch aktuell noch im Hinblick auf das Verhalten von Soldaten bei Abu Ghraib ausgewertet werden. Es steht zu hoffen, dass Sie als Führungskraft sich mit einem derartig exzessiven Rollen- und Gruppenverhalten nicht auseinandersetzen müssen. Doch rechnen Sie trotzdem damit, dass Gruppenmitglieder die kritische Distanz zu ihrem eigenen Tun verlieren können.

Gruppendenken

Individuelles Denken kann nämlich durch Gruppendenken abgelöst werden. Wenn sich eine Gruppe besonders gut versteht und zusammenhält, besteht die Tendenz, anzunehmen, dass ihre Entscheidung nicht falsch sein kann. Alle müssen die Entscheidung unterstützen, und gegenteilige Informationen ignoriert werden. Man verstärkt sich gegenseitig im eigenen Tun. Hier spielt Konformität und sozialer Druck eine große Rolle. Oft resultiert daraus auch ein Festhalten an offensichtlich falschen Entscheidungen. Das lässt sich auch in Unternehmen beobachten. Hier entsteht schon einmal der Eindruck, dass Teams – speziell auch Management-Teams – Entscheidungen treffen, die mit gesundem Menschenverstand und Expertenwissen nicht nachvollziehbar sind.

Beispiel:

Es herrscht große Unsicherheit: Soll man das Unternehmen kaufen oder nicht? Die Risiken sind erheblich, aber es gibt die kleine Chance, dass man die Großaufträge des Ministeriums mitnehmen kann und die eigenen Produkte hier im großen Stil platziert. Die Vor- und Nachteile werden im Projektteam diskutiert. Das »Was wäre, wenn ...?« entwickelt sich in den Diskussionen immer stärker zum »Das wird so sein!«. Mahner werden ruhig gestellt und es entwickelt sich eine gemeinsame Begeisterung, die geradezu »betrunken« macht. Die Entscheidung für den Kauf wird getroffen unter Missachtung wesentlicher kaufmännischer Gesetzmäßigkeiten.

❗ Teams sind nicht grundsätzlich mehr als die Summe der Mitarbeiter. Manchmal kann ein Team auch deutlich weniger sein, als ein einzelner Mitarbeiter.

Tipp für Führungskräfte

Einer der Gründe, warum viele Aufgaben Gruppen übertragen werden, ist der Glaube, Ressourcen besser ausnutzen zu können, da man ja Ideen und Informationen teilen und sich gegenseitig befruchten könne. Dies ist jedoch seltener der Fall als angenommen. Informationen, die vielen Gruppenmitgliedern bekannt sind, kommen logischerweise nach den Gesetzen der Wahrscheinlichkeit öfter zur Sprache als Informationen, die nur einer Person bekannt sind. Die Folge ist, dass man sich mit bereits bekannten Informationen mehr beschäftigt als mit neuen (information sampling model). Die Informationen, die vielen bekannt sind, haben auch größeren Einfluss auf die letztendliche Entscheidung (common knowledge effect). Viele Köche verderben zwar nicht unbedingt den Brei, aber es bleibt doch häufig Einheitsbrei. Echte Kreativität und Innovation wachsen doch eher bei den introvertierten Einzelgängern im stillen Kämmerlein.

18.4 Warum sich manche im Team zurückhalten: »Soziales Faulenzen«

Ein eindeutiger Nachteil der Team- und Gruppenarbeit ist das »Soziale Faulenzen«. Damit ist die Motivations- und Leistungsreduktion Einzelner gemeint, die auftreten kann, wenn Individuen kollektiv in der Gruppe arbeiten (»Lass die anderen mal machen!«). So mag auch die landläufige Erklärung des Teambegriffs entstanden sein: »Toll, ein anderer macht's!«

Experiment zur Sache (Ringelmann, zwischen 1882 und 1887)

Untersucht wurde die Effizienz der Arbeit von Pferden, Ochsen, Maschinen und Menschen. Dabei wurde festgestellt, dass die Leistung von Männern in Gruppen kleiner war, als die Summe der addierten Einzel-Leistungen. Zogen mehr als sechs Männer, wurde die erbrachte Einzelleistung geringer, als wenn nur eine oder zwei Personen zogen.

In der ursprünglichen Studie war nicht klar, ob es sich um ein Motivationsproblem handelte oder um einfache Koordinierungsprobleme, wenn viele Menschen an einem Seil ziehen. Deshalb wurde das Experiment in den 1970ern von Ingham u. a.[46] mit einem leicht veränderten Setting wiederholt. Die Teilnehmer bekamen die Augen verbunden und konnten nicht sehen, ob sie allein oder in Gruppen zogen. Sie erhielten nur die Information über die jeweilige Größe der Pseudogruppe. Die Angaben zur Gruppengröße wurde variiert. Tatsächlich zogen sie aber in allen Bedingungen allein am Seil. So konnten man nachweisen, dass nicht die Koordination in der Gruppe die Ursache für die unterschiedlichen Leistungen war, sondern tatsächlich das Wissen, dass man in einer Gruppe zieht.

Dieses Phänomen tritt häufig auf bei additiven Aufgaben, bei denen individuelle Beiträge zu einem Gruppenprodukt kombiniert werden. Sobald die Einzelleistungen nicht mehr bekannt sind, sinkt die Anspannung. Dies führt zum Leistungsabfall bei einfachen Aufgaben. Anscheinend sind Menschen in Gruppen weniger motiviert, die volle Leistung zu erbringen. Je größer die Gruppe, desto stärker der Effekt: Der Einzelne zieht nicht mehr so stark am Seil. Und der Effekt ist universell (Alter, Geschlecht, Kultur), wenn er auch in kollektiven Kulturen wie China oder Israel schwächer ausgeprägt ist. Männer sind übrigens etwas anfälliger für das Phänomen als Frauen.

Der Grund dafür ist Verantwortungsdiffusion: Umso größer die Gruppe, desto weniger verantwortlich fühlt sich jeder Einzelne.

---

[46] Ingham, A. G., Levinger, G., Graves, J. and Peckham, V. (1974): »The Ringelmann Effect: Studies of group size and group performance«. Journal of Experimental Social Psychology, 10, S. 371–384.

Experiment zur Sache (Darley und Latané, 1968, Bystander effect[47])

Männliche Versuchspersonen befanden sich jeweils einzeln in einem Raum mit einer Gegensprechanlage und glaubten, dass sie mit einem oder mehreren anderen Studenten in den angrenzenden Räumen sprechen könnten. Während einer Gruppendiskussion über vermeintliche persönliche Probleme hörten sie Geräusche, die darauf schließen ließen, dass einer der Teilnehmer einen epileptischen Anfall erlitt. Es bestand nicht die Möglichkeit, mit dieser Person zu sprechen. Gemessen wurde die Zeit, bis einer der Teilnehmer den Notfall an den Versuchsleiter meldete. Je höher die Anzahl der vermuteten Mit-Teilnehmer und damit »Mithörer« waren, umso mehr Zeit verstrich, bis ein Teilnehmer den Anfall meldete – falls sich überhaupt jemand dazu fand. Innerhalb einer Zweipersonengruppe dauerte es rund zweieinhalb Minuten, bis der Notfall gemeldet wurde. War die Gruppe größer, reagierte knapp die Hälfte der Versuchspersonen gar nicht. Dieses Ergebnis wird als Resultat von verteilter Verantwortung interpretiert. Können viele Menschen helfen, kann auch ein anderer diesen Part übernehmen. Auslöser für die Experimente zu diesem Thema war übrigens der Mord an Kitty Genovese (1964): die Attacke, die über fast eine halbe Stunde dauerte, wurde von mehreren Nachbarn beobachtet, aber die Polizei erst sehr spät informiert.

Auch die Motivation kann in der Gruppenarbeit leiden, wenn individuellen Leistungen nicht entsprechend gewürdigt werden. Nach der »Erwartung x Wert«-Theorie arbeitet man hart, wenn man glaubt, dass dies die Zielerreichung erhöht, und diese bessere Leistung wahrgenommen und belohnt wird. All dies trifft auf allein arbeitende Personen logischerweise mehr zu als auf Gruppenarbeit.

❗️ Können sich viele die Verantwortung teilen, übernimmt sie möglicherweise niemand! Es hilft, Verantwortung deutlich einzelnen Personen zuzuweisen.

---

[47] Darley, J. M.; Latané, B. (1968). »Bystander intervention in emergencies: Diffusion of responsibility«. Journal of Personality and Social Psychology 8: 377–383.

Tipp für Führungskräfte

Um zu einer guten Gruppenperformance zu kommen, ist es notwendig, auch die Einzelleistung zu sehen. Deshalb ist es sinnvoll, einige Gegenmaßnahmen zum sozialen Faulenzen zu etablieren:

- **Machen Sie Einzelleistungen erkennbar!**

  Menschen schätzen es durchaus, wenn sie in ihren Leistungen gewürdigt und anerkannt werden. Deshalb sind individuelle Leistungsziele auch in der Teamarbeit sinnvoll.

- **Erhöhen Sie bei jedem Teammitglied die Verpflichtung für die gemeinsame Aufgabe!**

  Bringen Sie die Leute in ein Boot. Wenn man den Eindruck hat, dass die eigene Leistung nicht relevant ist oder sich jemand anders genauso darum kümmern kann, lässt die Motivation schnell nach. Es sollte klar sein, dass die Notwendigkeit besteht, sich einzubringen und Verantwortung zu übernehmen. Und dass es nicht toleriert wird, wenn sich jemand der Aufgabe entzieht.

- **Erhöhen Sie die Wichtigkeit der Aufgabe!**

  Es motiviert mehr, wenn man an etwas Wichtigem und Großen arbeiten kann, als an Details oder Nebensächlichem.

- **Die Individuen müssen ihren Beitrag als wichtig und einmalig ansehen!**

  Lassen Sie die Menschen in ihren Rollen spüren, dass sie wesentlich für das Gelingen des Ganzen sind – und dass Aufgaben nicht beliebig austauschbar und leistbar sind. Jeder ist auch Experte in seinem Team.

19 Führungsaufgabe Teams führen

Warum ein gesondertes Kapitel über Teamführung als Führungsaufgabe? Die Führung eines Teams unterscheidet sich deutlich von der Führung von Einzelpersonen. Das heißt natürlich nicht, dass Sie das eine tun und das andere lassen. Aber die Steuerung eines komplexen Systems »Team« erfordert nun mal einen anderen Fokus als die individuelle Führung einer Einzelperson. Bei der Mitarbeiterführung konzentrieren Sie sich auf das Individuum, auf seine Stärken und Schwächen, seine Motive, seinen Informationsbedarf und seine persönliche Würdigung. Beim Team geht es eher um die Beachtung gruppendynamischer Prozesse.

Grundsätzlich ist sehr genau zu prüfen, wo sich Teamarbeit wirklich sinnvoll entwickeln kann und wo man nur einer Mode folgt. Teamarbeit sollte kein Selbstzweck sein.

Wenn Sie ein Team zusammenstellen, achten Sie darauf, die Gruppe möglichst bunt zu mischen. Je unterschiedlicher die Teammitglieder sind, umso bessere Ergebnisse wird das funktionierende Team erzielen. Allerdings wird es dadurch auch deutlich länger dauern, bis sich das Team konsolidiert. Eine Formulierung wie »der passte einfach nicht ins Team« heißt häufig eher »der war anders als wir«. Andersartigkeit hat aber in der Teamarbeit einen Wert, um andere Sichtweisen und Wahrnehmungen in die Gruppe zu erhalten.

Überlassen Sie die Teambildung nicht dem Zufall. Die vier Phasen der Teambildung können »geführt« werden.

1. Ermöglichen Sie eine Phase der Begegnung und des Kennenlernens, sorgen Sie für ein gemeinsames Teamziel, verteilen Sie Aufgaben, die nur gemeinsam erledigt werden können und schaffen Sie eine rege Feedbackkultur. Ein gemeinsames Kick-off mit gemeinsamen Symbolen kann hier ein sinnvoller Startschuss sein.

   Beispiel: Bei der Einführung von Gruppenarbeit wurden die einzelnen Gruppen aufgerufen, sich einen Namen zu geben und diesen Gruppennamen auch in den Informationsmedien (Schwarze Bretter etc.) zu benutzen. Manche Gruppen entschieden sich, T-Shirts mit ihrem Gruppennamen anzuschaffen. Durch die Identifikationsstiftung wurde auch die Integration von Einzelkämpfern erleichtert – man war ja Teil derselben Gruppe.

   Zu Beginn einer Teambildung sind die Mitarbeiter oft sehr höflich und vorsichtig im Umgang miteinander. Wenn man eine Weile zusammen gearbeitet hat, kristallisieren sich unterschiedliche Ziele, Methoden, Rollen heraus, die durchaus in ihrer Unterschiedlichkeit zu Konflikten führen können. Diese Konflikte werden zunehmend offener – der Einstieg in die Kampfphase hat begonnen.

2. Die Kampfphase kann deutlich konfliktfreier verlaufen, wenn man sie bewusst gestaltet. So mag es hilfreich sein, die Unterschiedlichkeit der Teilnehmer beispielsweise durch ein Persönlichkeitsprofil reflektieren zu lassen, um die gegenseitige Toleranz zu verbessern. Bitte die Ergebnisse mit Vorsicht genießen, es geht nur darum, in die Kommunikation zu gehen und im Rahmen gemeinsamer Schubladen sich gegenseitig Feedback zu geben. Kehren Sie Konflikte nicht unter den Teppich, sondern sorgen Sie für einen konstruktiven Umgang mit Unklarheit, Unstimmigkeit und Ungewissheit. In dieser Phase festigen sich auch einzelne Rollenmuster: der formelle und informelle Führer, Teufels Advokaten, Treiber und Mitmacher, Beziehungspfleger, Außenseiter ... Prüfen Sie, ob die Rollenverteilung zielführend ist. Jetzt gilt es, das Team zu organisieren.

3. Bieten Sie moderierend Hilfestellung, wenn es darum geht, in der Organisationsphase die Organisationsstrukturen zu definieren, klare Rollen- und Kompetenzzuweisungen zu erarbeiten und Teamregeln aufzustellen. Achten Sie darauf, dass es zu Lösungen kommt. Manchmal wird in dieser Phase die Harmonie wieder in den Vordergrund gestellt. Aber die ist nicht das Thema. Zielklarheit, Sinnhaftigkeit des Tuns, saubere Strukturen und definierte Schnittstellen und eine wertschätzende Feedbackkultur tun mehr für den Teamzusammenhalt, als Harmonie um jeden Preis.

4. Und das merkt man in der Arbeitsphase. Man schätzt die Unterschiedlichkeit der Kompetenzen und Sichtweisen, akzeptiert persönliche Macken bei sich und anderen und weiß, was zu tun ist. Jetzt kann Teamarbeit Synergie entfalten. Achten Sie in der Arbeitsphase darauf, dass das Team »über den Tellerrand schaut« und schaffen Sie eine konstruktive Diskussionskultur: Kritisches Denken und Skepsis werden gefördert und bei wichtigen Entscheidungen gibt es »second-chance-meetings«, wo nochmals Zweifel geäußert werden können.

Fragen Sie auch mal bei anderen Menschen nach, wie das Team von außen wirkt, damit sich keine »blinden Flecke« etablieren. Wenn sich das Team zu stark einbunkert, ist es Zeit für teamübergreifendes Arbeiten.

Beachten Sie bei einem funktionierenden Team: Sie können nicht einfach Personen austauschen. Jeder personelle Wechsel führt automatisch dazu, dass der komplette Zyklus der Teambildung wieder neu durchlaufen wird. Für kurzfristige Tätigkeiten sind Teams also nicht unbedingt die beste Konstellation.

Literaturempfehlungen zur Vertiefung des Themas
- Simon, Fritz B.: »Gemeinsam sind wir blöd!? Die Intelligenz von Unternehmen, Managern und Märkten.« Carl Auer, 2009
- Francis, Dave & Young, Don: »Mehr Erfolg im Team«. Windmühle, 1998

Selbstreflexion und Forschungsfragen

Wo wird bei uns auf Teamarbeit gesetzt?

_____

_____

Welche Erfahrungen habe ich mit Teamarbeit gemacht?

_____

_____

Reflexion unserer letzen Teamarbeit: War unser Team eher besser als die Summe der einzelnen Mitarbeiter oder schlechter?

_____

_____

Was waren die möglichen Ursachen dafür?

_____

_____

Wie kann ich die Qualität der Teamarbeit steigern?

_____

_____

Woran erkenne ich, dass die Qualität der Teamarbeit sich erhöht?

_____

_____

20   Gibt es den perfekten Führungsstil?

Wie funktioniert Führung? Nachdem man lange auf der Suche nach der perfekten Führungskraft war, hat man irgendwann verstanden, dass nicht Persönlichkeitseigenschaften die erfolgreiche Führungskraft ausmachen. Es sind Formen der Aufgabenerfüllung und Verhaltensstile. Gibt es also den perfekten Führungsstil? Bereits Kurt Lewin beschrieb drei klassische Führungsstile:

• demokratisch (auch partizipativ genannt, mit Einbindung der Mitarbeiter)

• autoritär (ein dominanter Stil, anweisungsorientiert)

• laissez-faire (aus dem französischen »Gewähren lassen«, also ein sehr passiver Führungsstil)

Dieses System wurde von Robert Blake und Jane Mouton[48] erweitert. Sie unterteilten die beiden Arbeitsebenen »Mitarbeiterbezogen« und »Aufgabenbezogen« und definierten so das Führungsgitter mit fünf richtungsbezogenen Stilen.

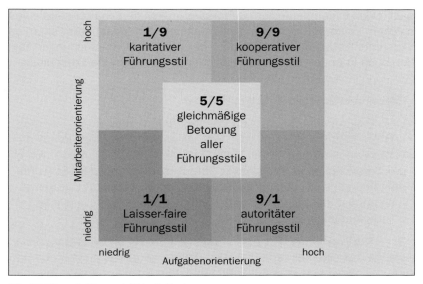

Abb. 10: Führungsgitter nach Blake & Mouton

---

[48] R. Blake and J. Mouton (1964). »The Managerial Grid: The Key to Leadership Excellence«. Houston: Gulf Publishing Co.

Die meisten Unternehmen favorisieren in ihren Führungsleitlinien auch heute noch den kooperativen Führungsstil. Allerdings hat sich in den letzten Jahrzehnten der situative Führungsstil – das heißt: ein an die aktuelle Situation und Person angepasstes Führungsverhalten – als der Favorit herauskristallisiert. Allerdings gibt es böse Stimmen, die sagen, dass der situative Führungsstil nur deshalb so beliebt ist, weil man damit jeden Führungsfehler und Haltungsschaden perfekt kaschieren kann – die Situation hat es halt so erfordert. Wir erinnern uns an den fundamentalen Attributionsfehler, vor dem auch Führungskräfte nicht gefeit sind. Gänzlich in Verruf geraten ist der autoritäre Führungsstil, obwohl er gerade in krisenhaften Situationen durchaus zu guten Ergebnissen kommt. Doch welche Auswirkungen hat er wirklich?

20.1   Warum der autoritäre Führungsstil oft so gut funktioniert

Welche Führungskraft wünscht sich nicht wenigstens ab und zu mal Mitarbeiter, die im Zweifel nicht diskutieren, sondern tun, was man ihnen sagt. Doch Experimente zum Gehorsam zeigen die Schattenseite eines solchen »autoritären« Führungsverhaltens. Ein besonders skurriles Experiment stammt von Milgram, aber ähnliche Untersuchungen fanden auch in anderen Kontexten statt und bestätigen die Ergebnisse.

Experiment zur Sache (Milgram, 1974)

Versuchspersonen wurden für ein Experiment zum Thema »Lernen und Gedächtnis« angeworben. Bei der Ankunft im Labor lernte die Versuchsperson den Versuchsleiter kennen sowie einen Vertrauten des Versuchsleiters, der sich als Versuchsperson ausgab. Es wurde mitgeteilt, dass in dieser Untersuchung die Auswirkung von Bestrafung auf das Lernen untersucht würde. Scheinbar zufällig wurde der echten Versuchsperson die Rolle des Lehrers zugeteilt.

Der »Schüler« wurde an einen Stuhl gebunden und Elektroden an seinem Handgelenk befestigt. Der »Lehrer« wurde in einen anderen Raum geführt und erhielt die Aufgabe, dem Schüler für jede falsche oder verweigerte Antwort einen Stromstoß zu geben. Vor sich hatte der Lehrer ein Gerät, an dem 30 Schalter angebracht waren, die

---

aufsteigend in 15 Volt-Schritten von 15 bis 450 Volt beschriftet waren. Eine zusätzliche Beschriftung mit »leichter Schock« bis »Gefahr: extremster Schock« und »XXX« war angebracht.

Nachdem der Lehrer exemplarisch einen Schock mit 45 Volt erhalten hatte, begann die Untersuchung.

Jedes Mal wenn die Versuchsperson in der Lehrerrolle zögerte oder die Ausführung des Stromstoßes verweigerte, drängt ihn der Versuchsleiter mit abgestuften Befehlen zum Weitermachen: »Bitte machen Sie weiter«, »Das Experiment verlangt, dass Sie fortfahren«, »Sie haben keine Wahl, Sie müssen weitermachen«. Die Versuchsperson kann die Schmerzensschreie und das Flehen des Schülers hören.

Die Versuchspersonen lassen Symptome von starken Konflikten erkennen (Schwitzen, Nervosität, bissen sich auf die Lippen). **Trotzdem gaben 62 Prozent der Versuchspersonen Stromstöße auf der höchsten Ebene.**

Alleine die Autorität des Wissenschaftlers genügte völlig, um Faktoren wie die Schreie des Opfers oder ihr Gewissen, die zu Ungehorsam oder Verweigerung hätten führen können, auszuschalten.

Warum gehorchen Menschen in solchen Situationen? Schließlich gab es keine Drohungen, kein Angst um das eigene Wohlergehen, das die Entscheidungen hätte beeinflussen können. Hier spielen verschiedene Faktoren eine Rolle:

• Die Menschen ziehen sich aus der Verantwortung: »Ich habe nur getan, was mir aufgetragen wurde.« So entlasten sie sich selbst.

• Oft gibt es auch ein gelerntes Verhalten – bestimmte Rollenskripte – Autoritätspersonen gegenüber, speziell wenn diese sichtbare Zeichen ihres Status tragen. Und dazu gehören auch ein weißer Kittel oder ein Doktortitel.

• Situationen, die destruktiven Gehorsam beinhalten, gehen oft auch sehr schnell vonstatten. Es bleibt kaum Zeit nachzudenken und das eigene Verhalten zu reflektieren.

- Häufig beginnt destruktiver Gehorsam auf einer niedrigen Ebene mit einfachen Anweisungen, die dann immer stärker eskalieren. Es geht einem ähnlich wie dem gekochten Frosch. Setzt man diesen in kochend heißes Wasser, springt er heraus. Setzt man ihn aber in kaltes Wasser und erwärmt es langsam, bleibt der Frosch so lange sitzen, bis er gekocht ist. (Ich habe das ehrlich gesagt noch nie probiert und habe das auch zukünftig nicht vor. Im Sinne eines praktizierten Tierschutz bitte ich Sie, das ebenso zu halten.)

Eine These von Arthur Koestler zum Wesen des Humanismus lautet denn auch, »dass die egoistischen Triebe des Menschen eine bei weitem geringere Gefahr in der Geschichte darstellen als seine Neigung zur Integration.«

❗ Entwickeln Sie eine kritische Haltung Gehorsam gegenüber, so praktisch der auch manchmal zu sein scheint.

Tipp für Führungskräfte

Viele Unternehmen sind sehr stark hierarchisch orientiert – selbst wenn man das auf Vorstandsebene nicht für zielführend hält. Aber gewachsene Strukturen ändern sich nicht so schnell. Gerade aus Ihrer Führungsrolle heraus sollten Sie deshalb aktiv Abwehrmöglichkeiten gegen destruktiven Gehorsam entwickeln:

- Erinnern Sie Ihre Mitarbeiter daran, dass jeder für seine Handlungen selbst verantwortlich ist und nicht irgendwer sonst. Lassen Sie Ihre Mitarbeiter in der Konsequenz.

- Machen Sie deutlich, dass ab einem bestimmten Punkt stiller Gehorsam unangebracht ist. Außerdem sollte man ungehorsamen Vorbildern Achtung zollen.

- Hinterfragen Sie auch die Motive der Autoritätsperson, das heißt Ihre eigenen. Bin ich wirklich in der Lage, besser urteilen zu können?

Das Wissen über die Macht von Autoritätspersonen kann blinden Gehorsam verhindern (z. B. wenn man das Milgram-Experiment kennt).

20.2 Warum der autoritäre Führungsstil letztendlich in die Krise führt

Nun mag der eine oder andere sagen: Gut, aber Milgram ist ja weit weg vom Arbeitsalltag. Meine Leute erwarten, dass ich die Richtung vorgebe und sage, wo es lang geht.

Experiment zur Sache (Hoffling et al., 1966)

Er führte ein ähnliches Experiment mit Krankenschwestern in einem Krankenhaus durch, denen ein ihnen unbekannter »Arzt« am Telefon Anweisungen gab, wie sie einen seiner gerade eingelieferten Patienten zu behandeln hätten. Die Krankenschwester führte telefonische Anweisungen aus wie die Verabreichung einer Überdosis eines Medikaments (natürlich handelte es sich im Experiment um ein Placebo). Dabei bestand die Regel der Pflegedienstleitung, keinerlei telefonische Anweisungen von Ärzten entgegenzunehmen. Auch hätte das medizinische Wissen der Krankenschwestern ausreichen müssen, um die Schädlichkeit der Medikation zu erkennen. 21 von 22 Schwestern verabreichten auf Anweisung des »Arztes« die schädliche Dosis. Die Macht des »weißen Kittels«, die implizite Angst vor der Ärzteschaft, war zu stark ausgeprägt.

Hier zeigt sich eine der Schattenseiten von autoritärer Führungskultur: Selbst wenn Mitarbeiter wissen, dass eine Anweisung unsinnig ist oder zu massiven Fehlern führen kann, führen sie in der Regel diese Anweisung aus. Wer sich also als autoritäre Führungskraft darauf verlässt, dass die Spezialisten im Team schon mitdenken, hat bereits verloren.

Darüber hinaus wirken autoritäre Führungskräfte nur, wenn sie anwesend sind. Diese Erkenntnis ist nicht neu, aber immer wieder beeindruckend.

❗ Falls Sie sich selbst als autoritäre Führungskraft sehen, dürfen Sie sich keinen Urlaub gönnen!

Experiment zur Sache (Lewin, Lippitt & White, 1939)

Sie untersuchten ganz konkret den Zusammenhang zwischen Führungsstil und Teamleistung. Hierzu bildeten zehn und elf Jahre alte Jungen nach der Schule drei kleine Gruppen (je fünf Personen), die mit Hobbyaufgaben beschäftigt wurden, also malen, Holzarbeiten, etc. Geleitet wurden die Gruppen von je einem Erwachsenen, der jeweils einen anderen Führungsstil praktizierte:

- autoritär

- demokratisch

- laissez-faire

Ergebnisse: War der Gruppenleiter in der laissez-faire Gruppe anwesend, zeigte sich eine geringere Leistung, war er abwesend stieg sie leicht an. In der autoritär geführten Gruppe fiel sie hingegen stark ab, was auf eine große Abhängigkeit vom Leiter in Bezug auf Richtung, Kommandos und Leistung schließen lässt. Bei der demokratisch geführten Gruppe zeigte sich unter beiden Bedingungen ein gleichbleibend hohes Leistungsniveau. Gruppenmitglieder der autoritär geführten Gruppe äußerten außerdem öfter Unzufriedenheit und machten aggressive Versuche, die Aufmerksamkeit des Leiters zu erlangen und mehr Aktionen, um ihn zu beeindrucken.

Fazit: Am effektivsten war der demokratische Führungsstil. Hier zeigten die Teammitglieder durchgehend hohe Leistungen, auch bei Abwesenheit der Führungskraft. Darüber hinaus herrschten positive und kooperative Beziehungen zwischen den Teammitgliedern.

Tipp für Führungskräfte

Erkennen Sie, dass Sie kraft Ihre Rolle und Funktion eine besondere Stellung in Ihrem Unternehmen haben. Wenn es Ihnen darum geht, ein leistungsförderliches Klima zu gestalten, das auch dann funktioniert, wenn Sie nicht hinsehen, kommen Sie am demokratischen/kooperativen Führungsstil nicht vorbei. Er schafft nicht nur ein durchgängiges Leistungsklima, sondern auch ein positives Arbeitsumfeld.

21 Zum Schluss: Das Selbstverständnis als Führungskraft

Es gibt viele Theorien, wie Führung zu funktionieren hat. Führung erfolgt funktional, nicht personenorientiert. Wesentlich für Sie ist: Als Führungskraft sind Sie mit Macht ausgestattet. Es ist deshalb sinnvoll, sich reflektiert und werteorientiert mit dieser Macht auseinanderzusetzen. Als Führungskraft erzeugen Sie einen wesentlich höheren Wirkungsgrad als Ihre Mitarbeiter und definieren deren Wirkungsgrad. Letztendlich gibt es viele Führungstheorien und Stile. Jede Zeit hat ihre Mode und die Berater-Branche lebt davon. Als Führungskraft geht es nicht darum, Moden zu folgen. Psychologisches Grundlagenwissen hat da eine deutliche höhere Halbwertzeit. Konzentrieren Sie sich auf Ihr Kerngeschäft:

- Strategieentwicklung: ressourcenorientiert und an den eigenen Kernkompetenzen und deren Zukunftsfähigkeit ausgerichtet ...

- Marketing/Branding: die Kundenzufriedenheit erhalten und erhöhen, innovative Produkte und Dienstleistungen konzipieren und auf die Straße bringen ...

- Ressourcenmanagement: mit Ressourcenknappheit umgehen, Spielregeln und Formen der Selbstkontrolle etablieren ...

- Personalmanagement: die Mitarbeiter bei der Stange halten und dafür Sorge tragen, dass der richtige Mitarbeiter am richtigen Platz ist, Weiterentwicklungen ermöglichen und fordern ...

- Controlling: ein Auge auf die Zahlen haben, nach geeigneten Kriterien und Kennziffern schauen ...

- Organisation: Informationsflüsse sicherstellen, Prozesse klären, Veränderungen initiieren und managen, die Organisation lernfähig halten ...

Erledigen Sie Ihre Aufgaben gut, tragen Sie zum Erhalt Ihres Unternehmens bei, und Sie sind als Führungskraft erfolgreich. Das, was Sie tun, wie Sie denken und handeln, hat Einfluss auf Ihre Mitarbeiter. Ohne die Einbindung Ihrer Mitarbeiter werden Sie den komplexen Anforderungen immer schneller agierender und globaler Märkte nicht gerecht werden können. Führung ist somit ein kommunikativer Prozess und je besser dieser Dialog funktioniert, umso erfolgreicher ist das Unternehmen. Vieles, was wir in den vergangenen Kapiteln angesprochen haben, hat möglicherweise Ihren Blick geschärft, wie diese Kommunikation zu optimieren ist. Bei sich selbst und im Umgang mit Ihren Mitarbeitern und Chefs. Zu wissen, wie Menschen denken und sich ein Bild von der Realität machen, welchen Einfluss Gefühle auf die Wahrnehmung haben, wie sich Bedürfnisse entwicklungsgeschichtlich gebildet haben, was den einzelnen Menschen antreibt und ihn ausmacht und vieles mehr – all das trägt dazu bei, dass Sie das, was Sie tun, bewusster und intelligenter tun. »Früher hat es geheißen, es sei das Privileg des Erfolgreichen, nicht mehr lernen zu müssen. Wer einmal oben ist, hat es geschafft zu beweisen, dass er gut ist. Weiteres Lernen wäre da nur ein Zeichen eigener Unvollkommenheit. Heute kann man dagegen mit einiger Sicherheit prognostizieren, nachhaltig erfolgreich werden in Zukunft nur mehr die Lernfähigen sein, die selbstbewusst ihr Potenzial ausbauen und dabei nie an ein Ende kommen.« (Rudolf Wimmer)[49]. Führungsalltag ist komplex, und es gibt keine Patentrezepte! Suchen Sie nicht danach. Aber halten Sie immer die Augen auf nach einer guten Theorie ... In diesem Sinne gutes Gelingen!

**❗■ »Es gibt nichts praktischeres als eine gute Theorie!«
(Kurt Lewin)**

Literaturempfehlungen zur Vertiefung des Themas
- Sprenger, Reinhold: »Das Prinzip Selbstverantwortung.« Campus, 2007
- Stroebe, Rainer: »Grundlagen der Führung – mit Führungsmodellen.« Windmühle, 2010
- Wimmer, Rudolf: »Entscheiden im Team« in Revue für postheoretisches Management, Seite 20, Heft 4, 2009
- Neuberger, Oswald: »Führen und Führen lassen: Ansätze, Ergebnisse und Kritik der Führungsforschung.« UTB, 2002
- Wimmer, Rudolf: »Die Zukunft von Führung – Brauchen wir noch Vorgesetzte im herkömmlichen Sinn?« Organisationsentwicklung 4/96

---

[49] Wimmer, Rudolf: »Die Zukunft von Führung – Brauchen wir noch Vorgesetzte im herkömmlichen Sinn?« Organisationsentwicklung 4/96

22 Anhang

22.1 Die Arbeit mit einer Entscheidungsmatrix

Hier das versprochene Beispiel für die Arbeit mit einer Entscheidungs-matrix.

Beispiel:

Klaus Konrad hat ein interessantes Jobangebot in einer anderen Stadt erhalten. Es wäre ein Aufstieg. Andererseits fühlt er sich aktuell in der Situation wohl und die Bezahlung ist auch nicht übel. Allerdings wird sich in seinem aktuellen Unternehmen karrieretechnisch in den nächs-ten Jahren nichts tun. Eine andere Stadt ist mit einem Umzug verbun-den.

- Machen Sie eine Tabelle: Welche Ziele sollen mit der Entscheidung erreicht werden?

Beispiel: Ein herausforderndes Arbeitsumfeld mit Aufstiegsmöglich-keit.

- Welche Kriterien spielen bei der Entscheidung eine Rolle? Listen Sie alle Kriterien auf.

Beispiel: Verantwortungsübernahme, Führungsspanne, Gehalt, Auf-stiegsmöglichkeiten, Sicherheit, Familie/Beziehung

- Gewichten Sie die einzelnen Kriterien mit einem subjektiven Faktor. Nicht alles ist gleich wichtig!

Beispiel: Klaus Konrad ist die Verantwortung wichtig, ob er nun aber fünf oder 15 Mitarbeiter führt, ist ihm relativ egal. Natürlich sollte das Gehalt auf keinen Fall weniger werden. Ihm ist Aufstieg wichtig. Aber wenn sich das jetzt nicht in den nächsten drei Jahren realisieren lässt, sondern erst in fünf, ist das auch o. k. Er ist ja erst 32 Jahre alt. Und im Moment steht die Familie ziemlich hoch auf der Priorität-enliste. Er hat zwei kleine Kinder, eins in der Grundschule, das ande-re im Kindergarten. Seine Frau arbeitet in Teilzeit. Dementsprechend ist ihm ein sicherer Job schon wichtig. Aber er macht sich auch nicht verrückt, denn er weiß, was er kann. So gewichtet er die Kriterien fol-gendermaßen: Verantwortungsübernahme Faktor 2, Führungsspanne Faktor 1, Gehalt Faktor 2, Aufstiegsmöglichkeiten Faktor 1, Sicherheit Faktor 1, Familie/Beziehung Faktor 2,5.

- Listen Sie in den Spalten die Entscheidungsalternativen auf.

  Beispiel: Alternative A: den neuen Job annehmen, Alternative B: im aktuellen Job bleiben, Alternative C: sich nach einem anderen Job umsehen, Alternative D: das neue Jobangebot konkret nachverhandeln.

- Dann folgt die Bewertung: Kann mit der Entscheidungsalternative das Ziel erreicht werden?

  Falls nein, wird dieses Alternative direkt gestrichen.

  Beispiel: Alle Alternativen können das Ziel erreichen, wobei im aktuellen Job – Alternative B – die Aufstiegsmöglichkeiten sich wohl erst in mehreren Jahren oder bei Fluktuationen ergeben.

- Alle Alternativen werden anhand der festgelegten Kriterien bewertet mit einer Skala von 1 bis 5 (nicht – wenig – mittel – ziemlich – sehr).

  Beispiel: Alternative A erhält hohe Punktzahlen bei Aufstiegsmöglichkeiten und Verantwortungsübernahme, aber geringe Punktzahlen bei Sicherheit und Familie, da ein Umzug erforderlich wäre. Alternative B hat hohe Punktzahlen bei Verantwortungsübernahme, denn hier hat Klaus Konrad viel Freiraum und Kompetenzen, auch das Gehalt ist o. k. Auch im Bereich Sicherheit und Familie kann er hier punkten. Allerdings liegen die Aufstiegschancen niedrig. Alternative C hinterlässt einige Fragezeichen. Wenn er sich bei der Suche aber auf seinen aktuellen Standort beschränkt, sodass ein Umzug nicht notwendig ist, liegen die Punktzahlen hier gar nicht so schlecht. Auch Alternative D hat Perspektiven, denn das neue Unternehmen hat auch Niederlassungen im Umkreis von 50 Kilometern. Sicher gibt es im Bereich der Gehaltsverhandlungen noch Möglichkeiten.

- Die Werte der einzelnen Kriterien werden mit dem subjektiven Faktor des Kriteriums multipliziert und über die einzelnen Alternativen die Summen gebildet.

  Beispiel: Obwohl auf den ersten Blick das Jobangebot Alternative A gar nicht so schlecht ausgesehen hat, zeigt sich durch die Punktzahl nun, dass Alternative B – im aktuellen Job zu bleiben – durch den Faktor 2,5 bei Familie die Nase vorn hat. Klaus Konrad stellt aber auch fest, dass es sich lohnen könnte, das Jobangebot nachzuverhandeln (Alternative D). Auch Alternative C bekommt gar nicht so schlechte Werte, aber er denkt, dass er im Moment nicht das Bedürfnis verspürt, sich auf dem freien Markt umzuschauen. Hier gibt es zu viele Fragezeichen.

- Treffen Sie eine Entscheidung. Aus den Werten ist eine klare Entscheidungstendenz erkennbar. Durch die Beschäftigung mit den Kriterien haben Sie aber auch das Selbstgespür entwickelt, zu erkennen, was Ihnen wichtig ist.

Beispiel: Klaus Konrad entscheidet sich, das Jobangebot abzulehnen.

Entscheidungsmatrix »Neuer Job«								
	A. Jobangebot annehmen		B. im aktuellen Job bleiben		C. sich nach einer anderen Stelle umschauen		D. Jobangebot nachverhandeln	
	Wert	multipliziert mit Faktor	Wert	multipliziert mit Faktor	Wert	multipliziert mit Faktor	Wert	multipliziert mit Faktor
Zielversicherung möglich?	ja		später		ja		ja	
Kriterien	Faktor							
Verantwortungsübernahme	2	5	10	4	8	3	6	6	10
Führungspanne	1	3	3	3	3	4	4	4	4
Gehalt	2	4	3	4	3	5	10	5	10
Aufstiegsmöglichkeit	1	4	4	2	2	3	3	4	4
Sicherheit	3	2	2	5	5	1	1	2	2
Familie/Beziehungen	2,5	2	5	5	12,5	4	10	3	7,5
Summe			32		38,5		34		37,5

Abbildungsverzeichnis

Tabellenverzeichnis

Stichwortverzeichnis

Wie Menschen ticken: Psychologie für Manager · AHF 67 © WINDMÜHLE VERLAG Hamburg

Wie Menschen ticken: Psychologie für Manager · AHF 67 © WINDMÜHLE VERLAG Hamburg

Danksagung

Die Idee zu diesem Buch hat mich fast sieben Jahre getragen. Viele Gespräche wurden geführt, viele Gedanken gespielt. Es gab zahlreiche Anregungen und Hinweise von Kollegen, Coaching-Klienten und Seminarteilnehmern – und immer wieder fand ich neue spannende Theorien und Denkanstöße, die ich unbedingt noch einfügen wollte. Ein Wunder, dass es nicht mehr Seiten wurden. Dabei kann ein solches Buch nie vollständig sein. Deshalb bin ich auch zukünftig für Hinweise und Ideen dankbar, denn sicherlich gibt es irgendwann auch eine Neuauflage.

Mein Dank gilt allen, die mich bei diesem Buch unterstützten:

• meinem Mann Claus, der nicht nur die Grafiken erstellte, sondern mir auch den Rücken freihielt und für die nötige emotionale Unterstützung sorgte,

• Alexander Haßel, der den ersten Entwurf lesen musste/durfte und mich mit der Frage: »Und wer ist die Zielgruppe?« gehörig irritierte,

• meinen Intervisionskollegen Monika, Andrea und Gisela, die sich speziell meine Ausführungen zur PSI-Theorie kritisch vornahmen,

• den zahlreichen Seminarteilnehmern des Integrata-Seminars »Wie Menschen ticken«, die mir für das Buch wertvolle Rückmeldungen gaben, was ihnen besonders wichtig war und worüber man gerne mehr lesen möchte,

• dem Lektoren-Team des Windmühle Verlags, das für die gute Optik und die korrekte Rechtschreibung auf neuestem Stand sorgte sowie dem Geschäftsführer Hendrik Asmus für seine wertschätzende und mutmachende Begleitung,

• den zahlreichen Führungskräften in Unternehmen und Betrieben, die mir von ihren Führungserfahrungen berichteten, die ich coachen und trainieren durfte und die mich damit auf die Idee zu diesem Buch brachten.

Andrea Revers im Juni 2012

Über die Autorin

Andrea Revers ist Diplom-Psychologin und Journalistin. Ausbildung zur Marketingberaterin. Zehn Jahre Erfahrungen bei Zeitschriften, Werbeagenturen und Unternehmen, davon sechs Jahre in Führungspositionen (Personalführung, Profit-Center-Verantwortung). Seit 1996 selbstständig mit den Schwerpunkten

- Management-Training (Themen: Führung, Kommunikation und Selbstmanagement/Burnout-Prophylaxe)
- Business Coaching (zertifiziert als Senior Coach BDP)
- Persönlichkeitsdiagnostik (TOP, BIP, FIT-Analyse)
- Persönlichkeitsorientierte Beratung auf Basis der PSI-Theorie
- Lehr-Coach
- Workshop-Moderation (Visionenbildung, Strategieentwicklung, Markenleitbild, Corporate Identity, KVP)

Im Windmühle Verlag erschienen:
Woran Workshops scheitern und was Moderatoren dagegen tun können. 2004

Kontakt:
Rosenweg 1, 54579 Üxheim-Leudersdorf (Eifel)
Telefon 02696 931482, E-Mail revers@reverscommunication.de

CoachingWerkstatt:
Rosenweg 4c, 54579 Üxheim-Leudersdorf (Eifel)
Termine nach Vereinbarung

Mehr Informationen unter www.reverscommunication.de